사랑과 기적이 꽃피는
여명근 권사의
기도 방 이야기

인생을 어떻게 살아야 하는가

쿰란출판사

| 추천의 글 |

여명근 권사님의 말에는 설득력이 있고 말맛이 있다. 삶과 신앙의 산 체험에서 우러난 말이기 때문이다. 그리고 언행일치의 삶을 살기 때문이다.

값없이 복음을 전한 바울처럼 여명근 권사님은 대가를 바라지 않고 순전히 사랑의 봉사로 40여 년간 영적, 육적 치유 사역을 감당해왔다. 한국과 세계 각지를 다니며 성령의 갖가지 은사와 열매로 충만한 사역을 하면서도 자신을 내세우거나 자랑하지 않고 하나님 앞에서 늘 부족한 듯 옷깃을 여미는 분이시다.

이분의 생동하는 말들이 글로 옮겨졌을 때 과연 그 말맛이 글맛으로 살아날 수 있을지 염려가 되기도 했다. 그런데 이번에 정리한 글들을 읽어보니 글에서도 평소의 어투와 힘이 느껴진다.

그래서 어떤 글은 확신에 찬 바울의 간증을 닮아 있기도 하고, 영적 자녀와 교회와 사회, 가정을 염려하는 바울의 간곡한 권면을 연상케 하기도 한다.

무엇보다 삶과 신앙의 산 체험에서 우러난 꾸밈없는 촌철살인의 잠언이라고 해도 과언이 아니다. 이분의 삶과 신앙 사역을 옆에서 지켜본 사람들은 이 글들이 어떤 체험과 배경에서 나왔는지 어렵지 않게 파악할 수 있을 것이다. 이분을 잘 모르는 사람들도 글의 힘을 통하여 이분의 삶과 신앙 사역을 넉넉히 미루어 짐작할 수 있을 것이다.

신앙생활은 사실 복잡한 것이 아니고 어쩌면 이분의 말과 글처럼 단순 명확한 것이 아니겠는가. 이 책이 삶과 신앙의 복잡한 미로에서 헤매는 수많은 사람들에게 좋은 길잡이가 되기를 간절히 바란다.

2013년 3월 20일
조성기 교수
(숭실대학교 문예창작학과)

| 추천의 글 |

추천사를 막상 쓰려 하니 왜 이리 어렵고 두려운지요? 행여 모자랄까, 행여 지나칠까 염려됩니다. 어떻게 말한다 하더라도 여명근 권사님에 대해서 충분하게 말할 수 없을 것이 뻔하기 때문입니다.

사실, 이분은 한사코 알려지길 거부하는 분입니다. 숨는 것이 사명인 양, 세상 사람들이 잘 알지 못하는 아주 구석진 곳에서 이름도 없이 빛도 없이 일평생 지극히 작은 자 한 사람을 주님 대하듯 섬겨 오신 분이십니다.

얼마나 자기를 내세우는 세상입니까? 뭐만 있으면 어떻게든 부풀려서 자신을 높이고 이득을 취하는 세상 아닙니까? 내세우고 부풀리기는커녕, 자신이 받은 능력에 대해서도 이렇게 말씀하시더군요.

"기도 받는 것도 한계가 있어요. 자신의 믿음을 굳건히 하고, 믿음으로 이겨내야 합니다."

그 어느 것 하나 자신의 능력으로 되는 일이 아님을 너무도 잘 아는 분의 겸손이 체화되어 있는 말이었습니다. 유능한 의사도 많고, 말 잘 하는 목사도 많은 이 시대에, 의사도 아니고 목사도 아닌 이분을 이렇게 귀하게 쓰시는 이유가 뭘까 생각하는 중에 다음 말씀이 떠올랐습니다.

"형제들아 너희를 부르심을 보라 육체를 따라 지혜로운 자가 많지 아니하며 능한 자가 많지 아니하며 문벌 좋은 자가 많지 아니하도다 그러나 하나님께서 세상의 미련한 것들을 택하사 지혜 있는 자들을 부끄럽게 하려 하시고 세상의 약한 것들을 택하사 강한 것들을 부끄럽게 하려 하시며 하나님께서 세상의 천한 것들과 멸시 받는 것들과 없는 것들을 택하사 있는 것들을 폐하려 하시나니 이는 아무 육체도 하나님 앞에서 자랑하지 못하게 하려 하심이라"(고전 1:26-29).

모쪼록, 이 귀한 책을 통해서 이 세상의 얄팍한 지혜를 무색하게 하시는 하나님의 어리석은 십자가 사랑에 눈을 뜨고, 용기를 내어 그 '어리석은' 길을 걷는 사람들이 많아졌으면 좋겠습니다.

2013년 4월 1일

김승환 목사

(한국기독교장로회 생명교회 담임)

| 추천의 글 |

　나의 아내 여명근 권사는 어머님을 일찍이 여의었으나 돌아가신 줄도 모르고 왜 안 오시나 울며 기다린 순진한 사람이었습니다. 오빠와 올케 밑에 자라면서 길쌈하는 법, 집안일 등을 배우며 엄숙한 교육을 받았습니다.
　두 언니가 일찍 시집가고 온 집안에 딸이라고는 혼자밖에 없어 귀여움을 독차지하고 자랐다고 합니다. 그래서인지 어려서부터 정이 많아 어려운 친구를 만나면 음식을 나누어 먹고 어려운 이웃에게는 식구들 몰래 계속 쌀을 퍼서 나누어 주러 다녔다고 합니다. 오빠가 방앗간을 하여 쌀은 헛간에 많이 있었으니까요.
　제가 둘째지만 형님이 객지에서 직장 생활을 하셔서 부모님을 제 아내가 곁에서 정성껏 섬겼습니다. 농사일을 거들며 반찬 장만이라든지 농사철이 되면 일꾼들 음식 장만이 만만치 않았습니다. 다른 분들에게 선하게 대한 덕분인지 우리 집 일은 서로 해주려고 해 저도 보람을 느낍니다.
　아내와 제가 기독교에 입문하여 소금과 빛이 되라는 가훈을 강조하며 맡은 일에 최선을 다하고 항상 감사하는 마음, 봉사하는 마음, 사랑하는 마음을 생활 철학으로 삼고 있습니다. 제 아내 여명근 권사는 불우 이웃을 돕고 진취적이고 미래지향적인 사고를 바탕으로 청소년 선도에 힘쓰며 실

직자에게 용기를 불어넣어 주고, 노약자, 병든 자, 정신이상인을 위해 기도하며 상담을 통해 치료하는 등 40여 년간 혼신의 노력으로 봉사 활동을 하고 있습니다.

제가 볼 때도 그의 사랑과 인내와 열정은 특별한 것 같습니다. 결혼하면서부터 지금까지 50여 년간 그 사랑, 인내와 열정이 조금도 변함이 없는 것이 더욱 특별하다고 생각합니다.

아내가 그동안 봉사하면서 깨닫게 된 귀한 교훈들을 더 늦기 전에 정리하여 나누고 싶어 한 권으로 정리한다고 하는데 남편 된 입장에서 염려되는 바가 없지는 않습니다. 하지만 인생을 어떻게 살아야 하는가 고민될 때, 할머니나 어머니의 밥상머리 교훈을 듣듯 애정 어린 따끔한 한마디가 그리울 때 이 책을 읽으면서 자신을 성찰해 본다면 조금이나마 쉽지 않은 인생길 걸어가는 데 도움이 되리라 믿으며 기쁘게 추천합니다.

2013년 4월 1일

윤은규 장로

(서산 음암성결교회)

머리말

　교회 나간 지 6개월 만에 은혜를 받고 1년간 사역을 하지 않으려고 피해 다녔는데, 1년 반 만에 하나님이 강권적으로 끌어내셨다. 화단에 풀 한 포기 뽑지 못하게 하시고 집안일은 못하게 하셔도 기도는 할 수 있게 하셨다. 교회에 봉사하려고 남에게 빌려주었던 농토를 찾아와 3년간 농사를 지었다.

　1년 반 만에 우리 집에서 기도를 시작했는데, 정신병자가 나았을 때 원하는 것을 가져가라면 힘 닿는 대로 쌀 1말 가량을 가져갔다. 집에서 상담하다 인천, 서울, 대전 등 지역 교회로, 세계로 뻗어 나갔다.

　40년 봉사할 때 하나님이 내게 "내가 너에게 거저 주었으니 거저 해 주어라" 하셔서 아무것도 받지 않았다. 그동안 쭉 하나님이 내게 원하시는 것이 있을 거라고 생각했다. 그때그때 돈 있으면 교회 물품을 사다 놓았다.

　돈이 없을 때 내가 나이가 있고, 기도도 얼마 하지 못할 것 같아 교육관, 사택, 노인정을 짓고 싶어 불타오르는 열정으로 교인들에게 나를 위해 기도해 달라고 부탁했다. 하나님을 위해 무엇인가 하고 싶어서였는데 25년 넘게 그 가정을 위해 기도해 준 권사님이 내게 기도원을 하든, 개척을 하라고 물질을 주었다. 40년 사역한 것을 교회 옆에 비전센터

(지상 3층 규모 399.45평방미터)를 지어 완공하고 하나님께 봉헌했다.

지난 2월에 착공해 8개월 공사해서 1, 2층은 주일학교 교육 공간, 목사님 서재, 지역 사회 아동을 위한 공부방으로, 3층은 목사님 사택으로 사용하고 있다.

준공 검사 나오고 나서 우리 교회 교인들에게 개인적으로 식사 대접해 드리고 오롯이 하나님께 올려드렸다. 강대상, 피아노 등도 함께 드리고 젊은 집사님들에게 잘 사용하라고 부탁하고 나의 40년 헌신을 하나님께 조용히, 미련 없이 하나님만 아시게 마음으로 올려드렸다. 나중에 교회에서 공식적인 봉헌 예배를 드렸다. 오랜 세월을 하나님을 위해 일할 수 있도록 도와주신 우리 남편 장로님의 수고, 헌신, 희생에 깊이 감사드린다.

하나님만이 나의 마음을 아실 것이다.

2013년 4월 1일

여명근 권사

(서산 음암성결교회)

| 차례 |

추천의 글 조성기 교수 · 2
　　　　　김승환 목사 · 4
　　　　　윤은규 장로 · 6
머리말 · 8

제1장 하나님 체험과 사역 · 13

　　나의 마음 · 14 ▮ 하나님 체험 · 35 ▮
　　교회와 나 · 50 ▮ 기도 방 · 51 ▮ 나의 가정 · 63 ▮
　　나의 가르침 · 69 ▮ 나의 기도 · 75

제2장 신앙생활 · 81

　　하나님 · 82 ▮ 기도 · 99 ▮ 믿음 · 120 ▮
　　예수님 · 128 ▮ 말씀 · 130 ▮ 말에 대하여 · 132 ▮
　　영적 생활 · 134 ▮ 영 분별 · 138 ▮
　　신앙 안에서의 축복 · 140 ▮ 거듭남 · 145 ▮
　　변화 · 146 ▮ 감사 · 148 ▮ 기쁨 · 150 ▮
　　죄 · 151 ▮ 회개 · 152 ▮ 은혜 · 153 ▮
　　겸손, 교만에 대하여 · 154 ▮
　　능력, 전도, 헌신 · 156 ▮
　　마음, 선택에 대하여 · 159 ▮ 성령, 감동 · 162 ▮

신앙 안의 인생 · 163 ▮ 사랑, 용서 · 166 ▮
자아, 문제 · 167 ▮ 순종, 응답, 진리 · 168

제3장 **교회 생활** · 169

교회 · 170 ▮ 예배, 기도 · 173 ▮ 목회자 · 176 ▮
직분자 · 179 ▮ 교인 · 181 ▮
헌금, 재정에 대하여 · 183

제4장 **가정 생활** · 187

가정 · 188 ▮ 부부 · 193 ▮ 부모 · 203 ▮
자녀 · 209 ▮ 가정의 어려움 · 215 ▮
가정에서의 기도 · 219

제5장 **노년 생활** · 223

건강 · 224 ▮ 처신 · 225 ▮ 늙음에 대하여 · 227

제6장 **일반적인 삶의 교훈, 지혜** · 229

나 · 230 ┃ 말 · 250 ┃ 나라 · 255 ┃ 인생 · 259 ┃
세상, 시대 · 274 ┃ 직업, 사업 · 277 ┃
분별 · 282 ┃ 삶에서의 축복 · 284 ┃
문제점 · 286

제7장 몸, 건강, 병에 대하여 · 289

건강 · 290 ┃ 몸 · 293 ┃ 병 · 295 ┃
우울증 · 300 ┃ 정신병 · 302 ┃
치유하는 기도 · 305

제8장 경제 생활 · 309

물질 · 310 ┃ 물질 축복 · 315 ┃
경제에 대한 생각 · 317

제9장 사탄의 역사 · 321

사탄의 역사 · 322 ┃ 교만 · 329 ┃
뱀 · 330 ┃ 문제 해결 · 332

제1장

하나님 체험과 사역

나의 마음
하나님 체험
교회와 나
기도 방
나의 가정
나의 가르침
나의 기도

나의 마음

버려지고 갈 곳 없는
정신병자들과 같이 사는 것이
교회 다니기 전부터 나의 꿈이었다.
남편은 말만 들어도 무섭다고 했다.

나의 꿈은 이루어져
많은 정신병자들과
우리 집에서 같이 생활했다.

사랑해 주고
또 하나님 말씀을 알려 주니
맑은 정신이 와서
새사람으로 바뀐 사람이 많았다.

지금까지
40년간 계속된
나의 사역은

이렇게 시작되었다.

하나님이 지혜 주시면
지난 일들이 새록새록하다.
40년 전 일도
정확하게 기억난다.

40년간 축복권이
유지되는 것은 특별하다.
축복 받는 길이 보인다.

어릴 때부터 기도해 준 애들이
잘 성장해서 보람 있다.
하나님께서 잘 키워 주셔서
훌륭한 사회인이 된 애들이 많다.

너무 감사해 눈물만 많이 난다.
불평하지 않고
감사, 감사로 나간다.

내가 다른 사람을 다 사랑하니까
다 나를 좋아하는 줄 알고
맘 편히 살았다.
보고 느끼는 것이 많아
시야가 넓어졌다.

남에게
부정적인 말은 안 하지만
남이 잘못하는 것을 보면
'저렇게 하지 말아야지' 하고 배운다.

돈 받는 사람에게는 대우해 주고
돈 안 받는 나는 대우해 주지 않지만
믿지 않는 사람들에게도
복음을 전하고 있다.

내게 잘못한 사람도
하나도 밉지 않다.
다 품으면
다 한 가족 같다.

다른 사람이 잘못 대해 줘도
전혀 상관없이
고지식하게
내 일만 할 수 있는 것이 은혜다.

나는 남의 물건을
아주 알뜰하게 아낀다.
영적으로
돈만 보면 어지러웠다.

"몇 번 와야 나을까요?"
"내가 책임지지
못할 말을 왜 해?"
책임지지 못할 말은 하지 않는다.

사람에게
칭찬 받지 않으려고
피해 다녔다.

"돈도 안 드는
사랑도 못하나?"
"이 큰 일 할 때
이 고통도 없나?"

보람 있지만
어려운 일도 많다.
마음 아픈 것이 어렵다.
하나님 때문에 참는다.

하나님은 내게 사람을
대접하는 은사를 주셨다.
하나님께서 은혜는
언젠가 꼭 갚게 하신다.

하나님께서 내게
"발 성할 때 부지런히 다니며 봉사해라"
하시는 것 같다.

하나님 주신 마음은
무엇이든 품을 수 있는 마음
가슴은 좁아도 품는 것은
얼마든지 할 수 있다.

누구든
사랑으로 따뜻하게
보듬어 줄 수 있는
마음을 주셨다.

난 마음이 부자다.
마음이 부자라 먹고 싶은 것이 없다.
다 갖춰졌기 때문에
갖고 싶은 게 없다.

자존심, 비교가 없으니 편하다.
화날 일이 없다.
긍정적으로 사니 건강하다.
조금 노는 것도 싫어한다.

예수님이
먹이시고 입히시니
염려, 근심 없다.
먹고사는 데 아쉬운 것 없다.

예수님과
한 상에 앉은 느낌이다.
나는
하나님과 손을 꼭 잡았다.

내게 하나님은
담대함을 주시고
당당함과 자신감도
최고로 주셨다.

담대하게
하루하루 산다.
'하나님이 내 편이지' 하면
무섭지도 않다.

볼 수 있어서, 걸을 수 있어서,
들을 수 있어서 감사하고
남편이 있어서,
자식이 나라에 보탬이 되어서, 건강해서,
하나님 믿게 되어서 감사하다.

싱글싱글 심통 없어서 감사하다.
하나님 앞에서
튀지 않게 해주셔서,
숨은 봉사 하게 해 주셔서 감사하다.

내가 무엇인데
이렇게 감사할 일만 있을까?
자기 일에 만족하며 기뻐하니
그것도 감사하다.

잠재워 주시면 감사,
안 재워 주시면 기도하라
하시나 보다 하고
"맘대로 하세요"

말씀드리고 기도한다.

주신 축복이 많아
감사했더니
대기해 두신
축복을 쏟아 부어 주신다.

계속 감사하니
자꾸자꾸
감사할 일이 생긴다.

'어쩌면 내가 이렇게 말을 잘 하나?'
'어떻게 내가 이렇게 일을 잘 하나?'
하나님께 감사하고
나 자신을 칭찬한다.

하나님 앞에
고지식하게 살고 싶다.
남에게
손해 끼치고 싶지 않다.

내세울 것 없으니
교만이란
단어는
쓰지도 못한다.

남 잘못하는 것 보면 불쌍하고
"왜 저럴까?" 미워하거나
적이 되지 않으므로 응답이 온다.
성령으로 거듭나지 않으면 할 수 없다.

'죽으면 죽으리라'
'죽으면 죽고 살면 살지'
하나님 일에 대해서는
몸을 사리지 않는다.

기도하는 날이
쉬는 날이다.
숨은 봉사 하며
자랑은 하나님 자랑만 한다.

나는 돈하고는 전혀 관계없다.
내 돈을 움켜쥐지 않는
마음을 먼저 가졌다.
내 것 챙기고 싶지 않다.

하나님 믿은 후
지혜가 생겨
남에게
이용당하지 않는다.

'내가 아프면
하나님 당신이 손해지.'
오직 하나님이
원하시는 것을 하고 싶다.

나는
땅에서는
뛰어넘은 사람이다.
공중의 것을 연구하는 사람이다.

인간으로서는
사랑이나 미움,
어떤 어려운 여건도
다 뛰어넘는다.

사람은 넘어선 사랑이다.
사람의 한계를
넘어선 사랑으로 미움이나 적이 없다.
사람 세계에서는 모든 것을
이겨 낼 수 있다.

누구에게도 피해 주지 않고
혼자 일어선다.
사람을 안 만나서
실수 안 한다.

판단하고
'아니다' 싶으면
선을 딱 긋는다.
그것이 방패다.

교회 간 지
6개월 만에
구세군 집회에 가서
성령을 체험했다.

그 기쁨은 지금까지
계속되고 있다.
하나님께서
축복권 있다고 하셨다.

하나님 안에서
기쁘게 보람 있게 살고
사랑이 있어서 힘든 줄 모른다.
무능한 대로 맘 편하게 산다.

내가 침착했다.
내가 나를 칭찬한다.
난 인생 멋지게 살았다.
에너지를 다 쏟으며 살아서 후회 없다.

남에게 도움은 못 줄 망정
피해를 줘서는 안 된다
남을 불안하게 하고 싶지 않다.

남에게 피해를 주거나
손해 끼치려 하지 않기 때문에
떳떳하고 너무 즐겁다.

존대하고 존대 받아
인격적인 생활을 했다.
그렇지 않으면
질서가 없어진다.

하나님 말씀 때문에
인격적으로
산 것이
감사하다.

나이 드니
이것, 저것 챙기기

더 어렵다.
"참지 않으면 어떻게 살아?"

속을 다 알기 때문에
구렁텅이에 빠지지 않는다.
누가 뭐라 하면
가슴이 두근두근해서 어려웠다.

억울한 일 당하면
'공은 닦은 데로 가고
죄는 진 데로 간다더라'
속으로 생각하고
이불 쓰고 좀 울다가 잊어버렸다.

예전에 마음이 좀 울적하면
만나볼 사람이 목사님밖에 없어
목사님과 사모님을 모시고
수덕사에 가서
식사를 대접하기도 했다.

집회 가려는데
돼지가 새끼를 낳으려고 해
"돼지야! 오늘은 새끼 낳지 마라!" 하니
정말 집회 갔다 올 때까지
새끼를 안 낳은 적도 있었다.

목걸이 팔아
시아버님 이 해드리고
남편이 물어볼까봐
도꾸리(터틀넥) 스웨터로 목을 가리고 살았다.

결혼반지에 반 돈 보태어
큰 시누이에게 3돈 반지 해드렸다.
기도하러 다닐 때
비닐우산 250원 아끼려고
보자기를 쓰고 다녔다.

막내딸에게
500원어치 귤을 사주어
집으로 보내고

기도해 주러 가보니 너무 가난해서
라면과 우유를 사주고 왔다.
집에서 국광 사과 작은 것 사먹을 때,
몇 년 동안
소년, 소녀 가장들에게는
인도 사과와 연탄 500장씩을
남모르게 보내기도 했다.

하나님께서
"네가 거저 받았으니 거저 주어라" 하셔서
차비 하나도 안 받고 다녔다.
요즘 생각해 보니
내가 참 착하긴 착했더라.

하나님 믿는 것은
기본이고
가정생활이 우선이다.

나는 일이 즐겁다.
나를 괴롭히는

사람에게도 인정받는다.

나를 괴롭히는 사람에게
더 잘 해야 한다.
왜냐하면
그 사람 속에 있는 마귀가
그렇게 하기 때문이다.

능력 받을 즈음
처음으로
대전 용암산 기도원 갈 때
두 번 차 사고가 났다.

마귀들의
방해가 심했다.
기도원에서는
구국 제단을 쌓았다.

40년도 더 전, 교회 꽃꽂이 할 때는
돈이 없어서

아카시아 꽃, 무궁화 꽃,
봉숭아 꽃 같은 꽃으로 교회를 장식했다.

나는 사람들과 어울리지 않고
부모님 일을 도와 드렸다.

옛날부터
내가 노력하면
하나님이 구름이라도
잡게 해주실 수 있다고 생각했다.

마음 편할 날 없었다.
화장실 갈 때도
정신병 환자
여러 명 데리고 다녔다.

"왜 내가 이렇게
고달프게 살아야 할까요?"
"보호자 기도해 주는 사람은
나밖에 없다더라."

보호자가 건강해야
환자를 잘 돌보기 때문이다.
불쌍한 사람을 위해서 살아야겠다고
어려서부터 생각했다.

서울에 기도하러 오려면
밤새 눈 한번 붙이지 않고
집안을 완벽하게
정리하고 오기도 한다.

나는 40년 전이나
지금이나 똑같다
살아 있는 동안 최선을
다하는 것뿐이다.

책을 쓰라고 하는 분이 많았다.
지나간 간증을 쓰라고 하는데
간증보다 앞으로 어떻게 살 것인가?
지금, 현재가 더 중요하다.

필요치 않은 말은
하고 싶지 않다
오직 하나님이
원하시는 일을 하고 싶다.

하나님 체험

"내가 음암에서 너 하나 선택했다.
네 이름을 내겠다."
"똑똑히 들어라.
세계에 이름이 날 것이다."

믿은 지 1년 만에
하나님 세계를 알게 하셨다.
하나님이 유치원 아이 키우듯이
혼자 일대일로 키우셨다.

하나님 체험은
한도 끝도 없이 나온다.
그 숱한 체험이 너무 많아서
마음이 흔들리지 않는다.

은혜 받을 때,
어느 날 새벽기도에서

"목사님! 들어 보쇼!
성도님들! 들어 보쇼!
명근이가 세계를 다닐 겁니다.
명근이 손은 능력의 손이다."
복이 쉬도록 외치고는
부끄러워 고개를 들지 못했다.

"내 것이 네 것이고
네 것이 내 것이다."
"그 사람이 받아들이든지 안 받아들이든지
복을 빌어 주어라."

"저 십자가 빨간 불이
마귀를 내쫓는 빛이다.
십자가가 들어가는 데는
마귀가 쫓겨난다."

술 취한 사람에 대한 말씀
"너 같으면
취중에 말하면 듣니?

너는 그 사람에게 시능을 줬니?"

하나님께서는
내가 "깨달았어요" 하면
안 들어 주시고
"다시는 안 할게요" 하니
바로 들어 주셨다.

뉴질랜드 여행에서
"말대로 될지어다"라는
하나님 말씀과
'하면 된다' 라는
자신감을 체험했다.

"너는 세계를 다녀라."

터키에서, 성지 순례를 통해서 빛이 들어와
이 땅의 어두움이
물러가게 해달라고 기도하니
일행 17명 모두의 무겁던 발이

갑자기 동시에 가벼워졌다.

"명근아! 발길을 돌려라."
"그 애를 놔줘라!
그 애는
내가 면류관을 씌울 애다."

하나님이 뒤에서
"너 조심해 가라" 주의 주시니
항상 웃고 즐겁게 살아
병이 안 걸렸다.

"하나님이 보시기에
내가 마음에 맞으실까?"
하나님과 알게 된 것이 가장 감사하다.

하나님 일은 숨겨진 일이다.
하나님은 나를 실망시키지 않으셨다.
하나님이 하시면
못하실 일이 없다.

교회 빠지고 서울 가려다가
"네가 뭐가 바빠서 예배 안 드리고 가니?"
"아이고! 제가 잘못했어요."
얼른 돌이켜 우리 교회로 갔다.

"물고기 많은 데 가야 많이 잡듯이
사람 많은 데로 가라!"
서산에서 서울로
기도처를 옮기게 됐다.

"하여간 남의 물건을 아껴야 복 받는다."
하나님이 말씀하셨다.

해방촌에서
"네 집을 찾아보자."
"내 집은 없네요."
꿈에서 깨고 나니 너무 서운했다.
몇 년 후에 하나님께서
반듯한 살 집을 주셨다.

"너를 머리털 하나 다치지 않게 해주겠다."
나를 건드리면
하나님께서
가만 두지 않으실 것 같다.

악을 선으로 갚으면
하나님이 역사하신다.
하나님의 역사는
살아 움직이는 역사다.

하나님께서
내게
사명을 맡기시고
잘잘잘하시는 느낌이다.

마치
우리 아이들이
우리에게 뭘 해주면
잘잘하는 것과 같다.

하나님께서 밤 12시 반에 깨우셔서
기도하러 "가라! 가라!" 하셔서
목욕하고 옷 갈아입고
교회에 갔다.

새벽 1시에 3일,
2시 정각에 3일,
3시에 3일,
4시에 3일
그 후에는 4시 30분에
"다른 사람과 같이 가라" 하셨다.

새벽 1시에
교회에서 기도할 때,
새소리, 쥐 소리에
깜짝깜짝 놀라기도 했다.

특별히
기도할 것도 없는데
하나님은

같이 있기를 원하신 것 같다.

"하나님이 제게 원하시는 것이 무엇입니까?
제 돈을 드릴까요?
반지를 드릴까요?" 여쭤 보니
"네가 돈이 어디 있니? 네 몸을 바쳐라!" 하셔서
얼마나 감사한지 펑펑 울었다.

하나님이 우리에게 복 주시려다가도
우리 하는 것을 보시며
하루에도 몇 번씩 들어갔다가 나왔다,
나오던 것이 도로 들어가게도 하시는 것 같다.

하나님께서 내게
축복권이 있다고 하셨다.
아무리 부족한 사람이라도
존중하며 대하라고 하셨다.
하나님께서 "너희 집에 오는 사람은
절대로 그대로 보내지 마라!" 하셔서
오시는 분은 누구라도

설탕물, 꿀물, 영지 물 등으로 대접했다.
그럴 때, 더 주시고 더 주셨다.

차츰 영이 멀어지면,
하나님의 역사를
부인하면,
회복하기 어렵다.

처음 받은
은혜를 잊으면
더 받을 축복을
막는다.

기도를 못하게 막으려는
사람들도 있었다.
"집사님이 먹을 것이 없나?
돈이 생기는 건가?
목사님도 싫어하시고
사람들이 말도 많이 하니 기도하지 마라."

"고마워 알려줘서.
그런 말 않게 해달라고 나를 위해 기도해 줘."
속으로는
'사탄아! 예수 이름으로 물러가라!' 기도했다.

"하나님께서 크게 쓰실 것이니
10만 원을 내라" 하셔서
"왜 나는 사는 것도 어려운데
나한테 내라 하시냐? 내가 요것도 하고
저것도 했는데" 하고 하나님께 따졌다.
하나님께서는
"내 거가 네 거고 네 거가 내 거다"
하고 내게 말씀하셨다.

비상금으로 갖고 있던
10만 원을 내라고 3일을 조르시다
그래도 안 내니
30, 40분가량 배를 심히 아프게 하셔서
할 수 없이 내겠다고 했다.

"그것 봐라! 아파 보니
네가 돈이 무슨 필요 있니?"
속으로 '알았다구요!' 하고는
농협에서 10만 원을
새 돈으로 찾아다 드리니
목사님께서 그 돈으로 총회 회비를 내셨다.

돈을 내고 교회 문을 나오는데
하나님께서
"그것 봐라!
그 돈으로 하나님이
영광 받으시지 않았니?"

기쁜 마음으로
호미 들고 마늘밭 가서 김매는데
"하늘의 영광! 하늘의 영광!"
찬양을 하며 손이 나는 듯했다.
그 후로는 일절 말씀이 없으셔서
서울 가는 버스 창가에서
창 쪽으로 얼굴을 돌리고 조그맣게

"하나님! 내 거가 네 거고 네 거가 내 거라더니
왜 안 줘요?" 따져도 대답이 없으셨다.
있는 돈 다 가져가실 때는
하나님도 냉정하셨다.

하나님이 냉정하신 채로
1년쯤 지났을 때는
"그럼 제가
30시간 참나무 때 가며 개소주 내려서
수고비 5만 원 받아 모은
35만 원으로 바친
교회 의자 2개 반 값, 목사님 오토바이 60만 원,
강대상 앞 등 8만 원, 종 2개 값 1만 5천 원 합해서
그거에 대한 이자라도 줘요"
졸라도 아무 소식 없으셔서 잊어 버렸다.

3년쯤 있다가
서울 애들 방에서
기도를 하게 되고
전세금이 400만 원에서 800만 원,

8개월 후 3000만 원,
4000만 원, 8000만 원으로 차츰 늘어
10여 년 후에는
34평 아파트를 사게 해 주셨다.

물론 그 동안 환자들 기도하느라
2, 3시간밖에 잠 안 자고
날밤 새운 날도 부지기수며
식사는 굶식을 밥 먹듯 했다.

눈물과
땀과 정성,
희생은
하나님만이 아실 것이다.

착착 책 넘기는 소리 나며
"네가 좋은 일 한 것 있다.
내가 책에 기록해 놨다.
11살 때, 술 취해 쓰러져 누워 있는
창례 아버지를 보고

그 때, 네가 감잎으로 덮어 준 것과
서산에서 술 취해 길에 누워 있던 할아버지를
차에 태워 보낸 것을 기록해 놨다."

"능력이 뭐예요?" 여쭤 보니
"사탄이 나가는 것이다.
네가 훅! 하고 불면 한 번에
마귀 5천 마리가 나간다.
흙가루가 사탄이라면 사람은 모래와 같다."
그만큼 사탄이 많다고 하셨다.

발의 먼지까지
털고 오라는 말씀도 있지만
안 그러고 그 집에
필요한 것을 주시라고 기도했다.

"이 가정에
축복 주셔야겠네요" 기도하니
"그 애들은 믿음 없지만
네 눈물 기도를 보고 축복을 준다"

6개월 있다가 다시 심방 갔더니
서울 사람이 넓은 땅을 사
그냥 농사지으라고 해서 좋아하는데
"집도 짓게 해 주세요" 기도했다.

정말 얼마 안 있어
집을 짓고 땅도 받았다.

교회와 나

옛날 교회에서는 혼자 몰래 청소했다.
꽃꽂이를 다른 사람에게
물려주니 심방을 시키셨다.
교회에서 복이
우리 집으로 흘러들어왔다.

"너는 왜 너희 교회에서 입을 열지 않느냐?"
하나님께서 말씀하셔서
한동안 주일마다
40분가량 간증을 했다.

기도 방

병 나으려면
하나님, 기도하는 사람, 본인이
삼위일체가 돼야 한다.
내가 기도해 줘서 나았다고 하지 말고
하나님이 낫게 해주셨다고 해야 한다.

기도 방은 병원이 아니라
하나님의 능력을 보고
체험적으로 소생시키는 장소이다.
영이 살고 자신감이 생긴다.

기도 방에는
습관적으로 와도 안 되고
뭔가 변화되어야 한다.
이 장소는 닫힌 문을 열게 하는 곳이다.

짓눌린 사람, 정신적으로 어려운 사람,
우울증 걸린 청소년 등
어린이부터 노인까지
가정에 어려운 일 있는 사람들의
회복을 위해서 기도해 주었다.

기도는 영적 싸움이기 때문에
옆방인 기도하는 방으로 건너갈 때
2시간 넘게 걸린 적도 있다.

개인 개인 얘기해야 하므로
시간이 많이 걸린다.
10분 안에 몇 년 살 일을 말해 준다.

사람들이
변화되기를 바라서
듣기 싫어할 말을 계속한다.

눈길도 안 주다가
개인적으로 얘기 나눠 주다가

그래도 말 안 들으면 말문이 막힌다.
발음 하나 틀려도 거슬린다.

빨리 변화되어야 한다.
변화되지 않으면
치료되지 않는다.
이 자리는 무서운 자리다.

보호자를 먼저 변화시킨다.
기도 방 와서
우선 가정에서 사랑하고
참으면 변화된 것이다.

기도 받으러 온 분이
일러준 대로
변화되지 않으면
변화될 때까지 설득시킨다.

하나님께서
우리 몸에

시루떡같이 쌓인 상처들을
한 켜 한 켜 벗겨 내신다.

환자들의
몸이 좋아지기 때문에
누가 안 알아줘도
즐겁고 기쁘다.

목회가 아니니까
신경을 안 써서 머리가 안 아프다.
기도 방에서는
서로가 서로에게 공부 자료가 된다.

깨달음이 늦을 뿐이지
그릇이 안 된 것은 아닌 사람도 있다.
과하구나 하지
사탄이 쥐고 흔드는 사람은 아니다.

앉았다가 기적이 난다.
기도 방에서 졸면

영적으로 침투당한다

숨겨진 정체를
드러내기 위해
대화를 많이 해야 하고
그래야 회복이 빨리 된다.

◼ **기도 방에서의 나의 역할**

1) 속에 있는
   악을 꺼내어 변화시키는 역할

2) 잘못된 것을
   바로잡아 주는 역할

3) 병든 부분을
   회복시키는 역할

4) 움푹 팬 곳을
   메워 주는 역할

5) 갈 길을
 일러주는 역할

6) 하나님의 성격을
 알려주는 역할

7) 문제 해결 방법을
 일러주는 역할

8개월간
눈 한 번 붙여 보지 못한 사람이
기도 한 번 받고
기도 방에서 4시간 잠자고 일어났다.

머리 좋은 사람이라
너무 많은 것이 들어가 복잡한데
기도해 줘서 심령이 변화되었다.

교회는 나가지만
마음은 안 여는 노인도 있다.

많은 정신병자와
보호자와 대화를 많이 했다.

집회하다가
다음에 전국으로,
그 다음에는
세계로 뻗어 나갔다.

손 관절 어긋난 것을
두 손으로 지그시 잡으니
'똑!' 소리 나며
맞아 들어갔다.

기도로 위암을 고치신 할머니 배에
수술 자국이 선명하게
세로로 나타나
자손들이 바로 교회에 나갔다.

기분 좋게 아픈 것,
기분 나쁘게 아픈 것을

세세하게 느낀다 .

18년 동안 가시덩굴, 화장실,
수챗구멍 등으로 끌고 다니는
귀신에 사로잡힌 여자를 기도로 고쳐
십일조, 감사헌금
열심히 하는 집사님이 됐다.

원한을 품고 살다가
기도 받는 중에
칼이 가슴에서 발끝으로 나갔다고
말한 사람도 있다.

정신병에서 고침 받은 이는
나를 대한민국에서
제일 큰 침 갖고
다니는 분이라고 말했다.

좋아지려면
마귀가

기도 받으러 오지 못하게
방해한다.

정리 못하는 주부에게
정리 순서를 알려 준다.
안경 끼다가 기도 받고 눈이 좋아져
안경 안 쓰는 애들도 있다.

벙어리가 "집에 가!" 하고 말했다.
앞뒤 꼽추가 업혀 왔다가
기도 받고 납작해져서 걸어 나갔다.
모두 하나님이 하신 일이다.

영이 맞으면 나도 같이
땀이 확 난다.
옛 모습 벗어 버리고 변화되어
새롭게 쏙쏙 새사람으로 빠져 나온다.

마음으로 받아들이지 않으면
기도가 전혀 먹히지 않는다.

기도 시작하려면
속이 뒤집어지기도 한다.

빨리 기도 받고 가면
세상 이길 힘을 받지 못한다.
자기를 위해 고치라는 거지
나를 위한 것 아니다.

사랑하니 야단치지
사랑하지 않으면 무관심하다.
엄마가 변화되어야
자녀 속에서 역사하는
사탄의 세력이 물러간다.

'이 가정이 변화되면
얼마나 하나님께 영광될까?' 생각됐다.
보석 같은 존재로
애들도 흑진주, 유색 보석의
축복을 받은 가정도 있다.

기도 방은
하나님이 주신 것을
꺼내 주는 장소이다.

기도 받으면서
자꾸 변화되어
사자가 순한 양이 된다.

나는 나름대로
최선을 다할 뿐이다.
나는 한 사람이라도
더 우물에서 건져 내려 애쓴다.

정신 돌았어도
사랑해 주고
기도로 머리를 풀어 주면
제정신이 온다.

왕따 되어 마음에
쌓인 것이 회개 자료가 됐다.

집단 괴롭힘당하는 아이는
마음이 착하고 여려서 당한다.

집에선 행복, 밖에선 불행한데
밖의 불행을 집으로 끌어들이고
싶지 않았다고 했다.
앞으로 크게 쓰실 것이다.

미국 곳곳을 다니며
많은 교민들을 기도해 주었는데
어릴 적에 자폐증을 고쳐 약사가 된 청년 등
헤아릴 수 없을 만큼 많은 기적을
하나님께서 일으켜 주셨다.

나의 가정

장로님(남편)에게
"남이 한 번 식사 사면
당신은 두 번 사시라
내가 병원에 안 가지 않느냐?" 말씀드린다.

장로님은 교회 안 다니실 때도
집회 때 '축 발전'이라고 쓰셔서
교회에 봉투를 보내셨다.
하나님 보시기에 양심 반듯하게 사셨다.

장로님에게
"내가 당신을 얼마나 사랑하는 줄 알아요?
누가 나처럼
잘 하는 사람 있는지 알아요?"
"여보! 내가 죽으면 누가 이렇게 해줄까?"

돈 부탁하신 분에게
"그렇지 않아도 걱정하시더라.
연세가 몇이신데 그런 일로
신경 쓰시지 않게 부탁드린다."

"윤 장로님은
사랑받기 위해 태어난 사람,
여명근이는
희생하기 위해 태어난 사람."

자녀들에게
"아빠가 백목가루 마셔가며 번 돈이다.
아껴 써라" 하며
천 원 달라면 천삼백 원 주었다.

애들 어릴 때는
매일 밤
잠바로 머리를 감싸
바람막이를 해 주었다.

막내딸에게
"나한테 잘하지 말고
남편과 시부모님에게 잘해라."

막내딸은
아파도
엄마가 신경 쓸까 봐
아프단 말을 안 한다.

남편을 아껴서
예전부터
가능한 한
일은 내가 하려고 애썼다.

"내가 할 걸 왜 당신이 해?
당신 수고했네" 하고
남편이 직장에서 돌아와서 말하면
나는 보약을 먹은 듯 피곤이 다 가시고
'또 할 것 없나?' 찾곤 했다.

믿기 전에 남편이 술 드시면
내가 대신 속이 뒤집어졌다.
장로님과 함께 예배드릴 때
너무 감사해서 잠시 으쓱해졌다.

장로님은 대표기도 하실 때,
자손들의 오가는 소식이
좋은 소식만 오가게
해달라고 기도하신다.

젊어서부터
남편은 내게 자유를 주었다.

장로님은
몇 해 동안 키운
은행나무, 무궁화나무 등을
중학교 등 여러 곳에 갖다 심으셨다.

애들에게
"네가 그랬니? 그렇게 하지 마"

언제나 부드럽게 말했다.
한 번도 '기집애' 등의
욕을 해보지 않았다.

아이들이 신경 안 쓰게,
마음을 편하게 해주었다.
애들의 약점을 절대 말하지 않고
자존심이 상하지 않게 해주었다.

아이들에게 시키거나
무얼 가져오라고 하지 않고
무엇이든 내가
직접 하려는 마음을 가졌다.

애들에게 명령하지 않고
귀찮게 하지 않았다.
네 아이가 스스로 알아서
집안일을 도왔다.

"자녀들이 하나님 뜻대로 살게 해 주세요."
내가 하나님께 쌓아 놓은 것이
있기 때문에 말할 수 있다.
큰딸을 만나고 오면 힘이 난다.

"우리도 잘 살면
너도 계란 후라이 해줄게."
큰아들 5살 때,
삼촌 라면에 계란 넣어 끓여 주며
"자는 척해라" 부탁했다.

아이들이
할아버지, 할머니께
생선, 고기 등 좋은 것을
먼저 드리게 했다.

나의 가르침

말이
무궁무진 나온다.
거미줄이 계속 나오듯
계속 말이 나올 것이다.

말로
10년 넘게
살 힘을 준다.
어떻게 살아야 할 것인지 일러 준다.

"내나 되니까
일러주는 줄 알아."
일러주는 대로
듣기만 하면 다 된다.

되풀이해 들어야
내 것이 된다.

사람은 잊으니까
자꾸 되풀이한다.

말 길게 하지 말고
사람에게
칭찬받지 마라.
핍박하는 말 하지 마라.

영양가 있는 말,
좋게 해주는 말만 해라.
그것이 영권이다.
영이 예민해야 한다.

두 마음을 가지면 안 된다.
많이 놀면 몸만 고달프다.
요즘엔
희생하는 사람이 없어 열매도 없다.

콩 하나가 희생하면
많은 열매를 맺는다.

한 사람이 죽으므로
후손들이 좋다.

참아 줘라.
멋지게 살려면 네가 죽어라.
희생해라.
미움 없는 사랑 해야 한다.

화내고 성질내면
집안이 흔들린다.
누군가 한 사람은 참아야 한다.
여자가 참아야 한다.

신앙이
한 번 좋다고
계속 좋은 것이 아니다.
신앙은 요동친다.

잡음이 들어가거나
세상적으로 나가면

복을 받지 못한다.

기왕 하나님 믿으면
축복 받아야 하지 않느냐?
축복권은 분별의 영이다.
하루에도 축복권이 갈라진다.

어려움이
축복의 통로이다.
어려운 일을 통해
하나님은 당신의 뜻을 이루신다.

성령님은
마음을 감동시키시고
예수님은 병을 고치신다.

많이 기도하면
평탄한 길로 인도하신다.
기도는
인내가 기초다.

언제 무슨 일이
생길지 모르므로
쉬지 않고
기도하는 것이 방패다.

지금이 알곡과
쭉정이를 가르는 시기다.
한 번 잘해 주신 후 가려내신다.
정직이 중요하다.

사업하는 집 자녀는
자기 집안의 사업을
키우는 것이
제일이다.

원수도
사랑하는 마음이 있어야
분통 터지는 것을 이긴다.

여우는
개를 잡지 쥐를 잡겠나?
상대가 돼야 싸움이 된다.
영적 싸움이 그렇다.

산책이나 보고 듣는 것이 중요하다.
남의 것을 알뜰히 아껴 주는 것이 좋다.
감사하고 살아야 한다.
비교하지 말고 주어진 데서 감사해라.

나의 기도

우리 민족이
부지런하고 깔끔해서
좋은 인재를
많이 보내 주시라고 기도한다.

"나라가 잘 돼서
다른 나라를
도와주게 해 주세요."

새벽기도 때,
우리말 기도, 방언 다 한 후에
사도신경, 주기도문 또박또박 해보고
틀리지 않으면 제대로 된
기도를 드렸다고 생각한다.
그것이 영 분별이다.

"나는
남의 말 하는 것도 싫어요.
핍박하는 것도 싫어요.
남을 무시하는 것도 싫어요.

기도의 마무리
잘 하게 해 주세요.
하나님 나라
확장하게 해 주세요.

저로 인해
하나님 영광 받으시고
제가 하나님 영광
가리지 말게 해 주세요.

내 입의 말을
하나님께서 주관해 주세요.
저의 손을 통해서
한 사람도 거저 가지 말게 해 주세요.

하나님!
제게 주신 것이
너무 많아요.
정말 감사한데요.

예전보다 지금
가진 것이 더 많은데
감사는 덜한 것 같아요.
그렇다고 뺏어가질랑 마세요.

남은 인생을
다른 사람들이
즐겁게 살 수 있도록
회복시키는 힘을 주세요.

고독, 외로움, 슬픔, 상처, 우울,
괴로움 등이 가득한 인생 속에서
다른 사람들이
하나님의 지혜로 즐겁게 평안하게 살도록
저에게 기쁨을 회복시키는 힘을 주세요."

"장로님이 큰 일꾼 되게 해 주셔서
덕이 되게 해 주세요.
외국에 있는 애들도
큰 인물 되게 해 주세요."

자녀를 위해 기도합니다.

"자녀들이
바르게 살게 해 주세요.
하나님 영광 가리지 않게 해 주세요.
건강 주세요.
나라에 꼭 필요한 사람이 되게 해 주세요.
악한 영이 침투하지 못하게 막아 주세요.
자녀들이
가지 말아야 할 곳은 가지 말게 해주시고
체질에 맞게 살게 해 주세요"라고 기도한다.

마음이 울적할 때면
"왜 이렇게 마음이 우울해요?
기쁘게 해 주세요."

성경을 꼭 껴안고
"하나님!
오늘 필요한 말씀 주실 줄 믿습니다."

후암장로교회에서
기도 모임 생겨 문제를 해결했다.
몇 마디 하고 손만 흔들면 역사가 났다.

"주세요" 하는 기도보다
"하나님께서
제게 원하시는 것이 무엇입니까?"
"어떻게 해야
하나님을 기쁘게 해드릴까요?" 하고 기도한다.

제2장

신앙생활

하나님 / 기도

믿음 / 예수님

말씀 / 말에 대하여

영적 생활 / 영 분별

신앙 안에서의 축복 / 거듭남

변화 / 감사

기쁨 / 죄

회개 / 은혜

겸손, 교만에 대하여 / 능력, 전도, 헌신

마음, 선택에 대하여 / 성령, 감동

신앙 안의 인생 / 사랑, 용서 / 자아, 문제

순종, 응답, 진리

하나님

남을 좋게 해주는 것은
하나님 역사이다.
하나님은 사랑 말고는 할 말이 없다.

하나님께서는 우리에게
너무 좋은 계획을 갖고 계신다.
하나님은 우리에게 다 주시려 한다.

하나님 뜻대로 살면 잘 살게 해 주신다.
하나님은
구하지 않은 것까지 주신다.

하나님은 우리가 예쁘게 하고 다니고
잘 사는 것을 좋아하신다.
하나님 편에만 서면
축복의 통로가 열린다.

하나님 주신 축복은
좀도 안 먹고 도둑도 맞지 않는다.
하나님이 아시므로
우리는 열매 있는 사람이 돼야 한다.

내 몸 잘 지키는 것을
하나님이 좋아하신다.
내 몸이 하나님의 성전이기 때문이다.
축복 받기 좋은 길이다.

하나님 축복엔
돈, 명예, 건강 등 모든 것이 다 있다.
하나님 축복은
사람의 수단, 방법과 다르다.

하나님이 주신 복은
먹고사는 데 아쉬움이 없다.
하나님 뜻대로 살면
은근히 복이 온다.

하나님께서 주시는 축복은 따로 있다.
하나님께서 하나하나 주신다.
기왕 하나님 믿으면
축복 받아야 하지 않겠는가?

하나님께 받은 축복을
끝까지 잘 간직하는 것은
마치 유산을 받은 자녀가
재산을 잘 관리하고 불려 나가는 것과 같다.

하나님께 매달리면 다 해결해 주신다.
하나님의 역사는 대단하시다.
하나님 역사는 없는 것을 있게 하신다.
하나님은 못하실 일이 없다.

하나님은 주관이 뚜렷하시다.
하나님은 이유를 묻지 않으신다.
하나님은 인격적이어서
남에게 피해를 주지 않으신다.

주시는 분도 하나님,
뺏어가시는 분도 하나님이신데
우리가 구원만 받으면 되니까
하나님은 하나도 굽히지 않으신다.

시련은
신앙을 크게 해주려고 오는데
하나님은 계획이 다 있으시다.

하나님은 우리를 갈고 닦고, 갈고 닦고 하신다.
하나님은 자기 자식이
잘 되는 것을 좋아하시지
오그라드는 것은 싫어하신다.

하나님도 우리의 하는 것을 보시며
주시려다가 도로 들어가기도 한다.
하나님도 냉정하실 때가 있다.

하나님께서는
거짓으로

남을 상처 주는 것을
가장 싫어하시는 것 같다.

하나님께서는 진실성 없는 것,
남에게 피해 주는 것, 불성실을
제일 싫어하신다.
축복권이 없다.

하나님께서
심통, 고집은 다 봐주신다.
하나님께 인정받으면
사람에게도 인정받는다.

하나님은 무섭다.
우리가 잘못하면 두려운 하나님이시다.
하나님이 두려우니 바르게 살아야 한다.

하나님 뜻대로 사는 것이 어렵다.
하나님이 보시기에
합당하지 않은 일은 하지 말아야 한다.

하나님의 마음에 들게 사는 것이 중요하다.
하나님 뜻대로 사는 것,
그렇게 가는 길이 하나님 진리다.
하나님 진리는 살아 있다.

하나님 안에서 굳게 서라.
하나님이 예전에 해주신 것을 기억해라.
하나님을 믿어도 화끈하게 믿어라.
하나님께 깊이 빠져 들어가야 한다.

하나님 보시기에
보기에도 아깝지 않은 자식은 아무도 없다.
잘났거나 못났거나 하나님께서
인격을 세워 주신다.

죽일 죄인이라도
하나님은 어두움을 빛으로 물리쳐 주신다.
하나님은 하나하나 간섭하신다.

하나님 능력은
보지 않고도 치료하신다.
하나님이 고쳐 주셨으면
하나님께 영광을 돌려 드려야 한다.

하나님의 역사는
입을 넓게 벌려 자꾸 간증해야 한다.
악을 선으로 갚으면
하나님이 역사하신다.

하나님의
지혜에서 분별이 나온다.
하나님이 우리를 놓고
지혜 있나 살펴보신다.

하나님께서 지혜를 주셔야
세상을 어렵지 않게 살 수 있다.
하나님이 지혜 주시면
지난 일들이 새록새록 생각난다.

도둑이 못 들어오게 막는 것이 하나님의 능력,
물리치는 것도 하나님의 능력이다.
하나님은 능력과 기적이지
사람처럼 수단, 방법이 아니시다.

하나님이 지켜 주시지 않으면
하루도 살 수 없다.
모든 장애물은
하나님이 없애 주셔야 한다.

하나님을 거역하면 안 된다.
하나님께는 순종해야 한다.
하나님께 순종하면 길을 열어 주셔서
평탄한 길을 가게 된다.

애들 잘 키워 주시는 분은 하나님이시다.
특별히 하나님은 우리 아이들을
잘 관리해 주신다.
하나님께서 버르장머리를 고쳐 주신다.

하나님은 세심하셔서서 깨우치게 하신다.
하나님이 우리를 깨우치게 하실 때, 제일 쉬운 방법은
복을 깎고 갈급하게 만드는 것이다.
병나거나 하면 우리가 손해를 많이 보기 때문이다.

하나님 알게 된
기쁨은 비할 데 없다.
기쁘려면
하나님의 능력을 믿어야 한다.

하나님이 기뻐하시는 일을 해야 한다.
하나님도 노력하면서 달라고 해야지 주신다.
하나님 일은 보람도 크다.
그것을 잘 감당할 수 있을 때 주신다.

하나님 일은 정확하다.
재산, 건강, 평안 모든 것은
하나님이 지켜 주셔야 하는데
첫째는 하나님 일을 해야 한다.

하나님 일에 애착심이 있어야 한다.
하나님 일은 생각보다
먼저 감동, 다음에 느낌,
그리고 행동이 나온다.

감동은 아무나 받을 수 있으나
열정은 아무나 가질 수 없다.
하나님께서 강권적으로
쓰시려는 사람은 체험하게 하신다.

하나님 역사하실 때는 마귀도 역사한다.
일대일로 하나님께 매달리면 마귀를 물리칠 수 있다.
기왕 하나님께 매달리려면
배짱으로 나가야 한다.

사람을 의지하지 말고
하나님만 의지하자.
내 마음을
하나님께 맡겨라.

하나님께 온전히 맡기지 못하니
나쁜 뿌리를 빼지 못한다.
하나님과
상의하며 동행해야 한다.

눈물의 종류에는
억울한 눈물, 분통 터지는 눈물, 슬픈 눈물,
기쁜 눈물, 감사의 눈물 등이 있는데
하나님만이 그 눈물의 의미를 아신다.

하나님은 골고다 언덕, 피라미드 지역도
청소시켜 주신다.
15년 만에 성지 순례 다시 가보니
깨끗해지고 사막에 물을 대
식물을 많이 심어 녹지가 많이 생겼다.

수증기가 생겨
사막이 변해서 옥토가 됐다.
골고다 언덕에
어린 소매치기가 많았는데

녹화가 되고 먹을 것이 많으니 한 명도 보이지 않았다.

사마리아 땅끝까지
복음을 전하라고 하셨는데
복음이 많이 전해진 것 같다.

육신의 부모는
용돈도 드리고
음식도 대접해드려야 하지만
영의 부모인 하나님은 그렇지 않다.

부모님의 속을
시원하게 해드림같이
하나님의 마음을
시원하게 해드려야 한다.

내가 안 좋을 때는
하나님과 비춰 봐야 한다.
잘나가던 사람이 확 쓰러지면
하나님의 뜻이 있다.

그저 하나님 앞에 나가는 것밖에 없다.
하나님께서 시루떡같이 쌓인 우리의 상처들을
한 켜 한 켜 벗겨 내주셔서
새사람을 만들어 주신다.

세상 길은 넓고
하나님 길은 좁다
하나님 영광을 위해
시간을 아껴라.

하나님만 바라보며
죽는 날까지
마음을 다스려야 한다.
참을 수 없는 것도 하나님 때문에 참는다.

어떻게 하나님을 잘 믿나?
주어진 데서 감사해야 한다.

보게 해주셔서 감사, 듣게 해주셔서 감사,
일할 수 있어서 감사, 다닐 수 있게 해주셔서 감사 등

내 몸 하나에서도
감사가 이렇게 많이 나온다.

하나님 세계는 무궁무진하고
끝이 나지 않는 것이다.
하나님은 우리가 모르는
모든 풀의 이름을 다 아신다.

그게 문제지
하나님이 뵈지 않는다는 점이다.

하나님 안에서는
걱정할 일이 없다
모든 근심, 걱정 다 하나님께 맡겨 버려라.

근심, 걱정은
찬송가 세 번 부르면 없어진다.
정신을 뺏기지 말고
하나님께 전적으로 맡겨야 한다.

하나님은 공평하시다.
하나님 말씀이 진리다.
하나님이 사랑하라시니까 사랑한다.

하나님 안에서
진실하게 바로 섰다는
인정을 받아야 하는데
그것은 하나님만이 아신다.

당신 마음은
당신이 알고 하나님도 아신다.
우리가 하나님 앞에 나가면 나갈수록
겸손이 나온다.

교회 일만은
하나님이 하신다.
전도는 하나님의 절대적인 명령이다.

봉사를 순수한 마음으로 할 때
하나님께서 꼭 상 주신다.

하나님께 영광 돌리고
하나님 위해 일해야 한다.

사탄의 세력이 너무 세니
있는 자리에서
하나님께 집중해야 한다.

하나님 앞에서 집중하면
하나님과 나 사이가 연결된다.
하나님과 나 사이가
바른 관계가 돼 있는가?

하나님을 모를 땐 길을 모른다.
하나님 세계는
땅에 묻혀진 보화이다.
보물 있는 데 도둑 있다.

하나님 자녀로서
구별된 생활을 해야 한다.
모든 것은 하나님이 하신다.

하나님 편에 서려면
나 자신이 보이지 않게 숨어 있어야 한다.
크고 작아도 각자 시련을 통해서
하나님의 계획을 이루신다.

하나님은 굽은 것을 바로잡아 주신다.
하나님께서는
은혜를 언젠가 꼭 갚게 하신다.
하나님께 내놓지 않은 것이 있으면 안 풀린다.

지금이 알곡과 쭉정이를 가르는 시기인데
하나님은 한 번 잘 해주신 후, 가려내신다.
하나님은 용서의 기회를 계속 주신다.
회개가 최고다.

남는 것은
하나님밖에 없다.
하나님 명령에는
토를 달지 않는다.

기도

마음을 가다듬는 것이 기도이다.
하루에도 몇 번씩
마음을 가다듬어라.
쉬지 말고 기도해라.

기도는
하나님의 비밀을 체험하는 것이다.
하나님이 응답하신다.

기도는 호흡이다.
기도는 빛의 역할이다.
사탄의 어두움을
기도의 빛으로 물리치는 것이다.

어려운 일 있을 때 기도하면
앞길이 환히 열린다.
내가 내 걱정 하지 말고 기도만 해라.

기도밖에 할 것 없다.

기도가 앞길을 연다.
기도는 죽음도 막는다.
어려운 세상인데
기도에서는 모든 것이 나온다.

하나님께 맡기고 기도만 해라.
하나님께 기도하면서
소망을 잃지 말아야 한다.

쉬지 말고 기도해라.
축복권이 이렇게 온다.
기도는 저장되는 것이다.

때가 되면 하나님께서 이루어주신다.
기도는 무기이다.
기도는 방패요 검이다.

우리는 어떤 것도 이길 수 있는 무기,
기도를 받았다.
많이 기도하면 평탄한 길로 인도하신다.

기도드릴 때
첫째는 겸손해야 한다.
복잡하게 하지 말고, 물 흐르는 대로
마음이 안정되게 기도해라.

기도는 왜 하느냐면
앞으로
언제 무슨 일이 닥칠지 모르니까
미리미리 피해 가는 것이다.

내 앞길 막는 사람,
가시덩굴을 헤쳐 나가자면
기도밖에 없다.
계속 기도해라.

내가 안 좋을 땐
기도밖에 할 것이 없다.
능력을 더 주신다.

"하나님! 아시잖아요?"
하나님과 나 사이에
문제를 내놓고 기도해야 한다.
눈물 기도 드려야 한다.

너무 안타깝게 마음에 부닥치면
말이 안 나오고 눈물만 흐르게 되지만
그것은
말보다 더한 기도이다.

기도는 지난 일들,
감사하고 어려웠던 일들을
하나님께 조곤조곤 일러드리고
"지금 어려운 일은 어떻게 할까요?" 여쭤 보는 것이다.

하나님을 붙들고
하루 종일 소곤소곤하며 부탁한다.
기도해야 기쁨이 온다.
좋을 때 쉬지 말고 기도해라.

"그저 우리를 불쌍히 여겨 주세요."
이 기도를 많이 해야 한다.
말씀으로 무장하면
기도가 잘 된다.

기도는 인내가 기초다.
기도에는
노동이 들어가야 한다.
희생 없이는 열매 없다.

기도를 많이 해야 한다.
기도는 하면 할수록
내세울 것이 없다.
하나님 자랑만 나온다.

기도하면
어려움을 발견하게 된다.
기도 없이는
건강, 평안이 올 수가 없다.

치유 기도 받기 전에
준비 기도해야 한다.
기도 받기보다
마음의 기도가 우선해야 한다.

기도 많이 해도
내 마음이 먼저 변화되어야 한다.
기도 이루어지려면 우선 마음이 깨끗해야 하며
때가 되면 이루어 주신다.
다 때가 있다.

하나님 안에서는
남을 위해 기도해야 한다.
중보 기도가 중요하다.

남의 잘못된 것을 보면
그렇지 않게 해달라고 기도해야 한다.
도둑 맞기 전 중보 기도하면 막는다.

나는 아무것도 할 수 없다.
남에게 기쁨을 주어야 한다.
그러려면 혼자 기도를 많이 해야 한다.

"주시오" 하는 기도 말고
남을 위해 기도해야 한다.
남을 위해 기도하면
그도 축복 받고 나도 축복 받는다.

기도하는 사람은
하나님이 주신 것을
다른 사람들이
필요할 때마다 꺼내 준다.

늦게까지 다른 사람과
가족을 위해 기도해야 한다.

가정으로 말한다면
하나님, 부모님, 남편, 자녀, 나의 순서로
기도해야 한다.
우선 가정이 편안해야 한다.

응답은 머리에 살짝 오다가
가슴으로 오면서
평안하면 하나님 뜻이고
불안하면 사탄 역사이다.

자기가 문제 내고
답하고 하는 긴 기도는
하나님도
잘 받아 주시지 않는다.

무엇을 구하느냐가 중요하다.
내가 못하는 것을
자꾸 부탁해야 한다.
기도하고 헤치면 안 된다.

고비 넘어가야 하고
기도를 많이 해야 한다.
지속적인 기도가 필요하다.

뭐든지 자기 일을 하더라도
항상 하나님께 맡기는
기도를 드리고 해야 실수하지 않는다.

예를 들면
수술할 때,
"의사의 손길이
하나님의 손길이 되게 해 주세요."

예수 믿고 축복 받는 것 간단하다.
집안이 잘 될 때, 애들이 잘나갈 때
하나님께 겸손히, 간절하게
기도를 많이 하면 된다.

편안하다 할 때가 기도할 때다
그 때가 중요하다.

가진 것보다 주실 것이 너무 많은데
기도해야 받는다.

시기, 질투, 미움, 교만,
욕심, 거짓이 없어야 하고
마음이 정리되어야
기도 응답을 받는다.

기도해도
덕을 안 세우면 응답이 없다.
기도도 중요하지만
행동도 중요하다.

기도해 놓고
'말 갈 데 소 갈 데 다 가면 돼나?'
시험에 들지 않게
기도해야 한다.

기도해서
사람과의 관계를 먼저 풀어야 한다.

묶인 것이 있으면 기도하며
문제점 전부를 드러내야 한다.

묶인 것이 있으면 기도가 안 된다.
'내 몸과 마음, 생각,
모든 것을
하나님께 드립니다.'

기독교인은
신세 한탄할 것을 기도로 푼다.
나와 상관없는 욕심 부리지 말고
조용히 기도하라.

기도를 정말 많이 해야 한다.
몸에 배게 기도해야 한다.
기도하는 사람으로서
풍기는 것이 있어야 한다.

안타까운 이를 위해
기도해 줘야 한다.

기도로 몰래
다른 사람의 때를 벗겨 준다.

남 위해 기도하는 것도
준비 기도를
많이 해야 하고
영권이 있어야 한다.

남이 아프면
기도해야 할
문제라고 생각해야 한다.

기도로
다른 사람을 변화시키려면
이해와 설득을 충분히 해야 하고
마음이 넓어야 한다.

기도 받으면 순환은 잘 되지만
하나님과 나 사이에
매달려서 부르짖는

기도가 있어야 한다.

눈물 기도를 드려야 한다.
기도도 정신 바짝 차리고 해야 한다.
기도는 시작이 중요한 것이 아니라
마무리가 중요하다.

그러려면 계속 마음을 가다듬고
자기를 일회용 접시라 생각하고
하나님 안에서
항상 조심조심 살아야 한다.

기도해 줘도
윽박질러 가며 해주면 안 된다.
심통 한 번 부리면
6개월 기도가 허사다.

꿈이 안 좋으면
"사탄아! 예수 이름으로 물러가라!"
좋으면 "하나님! 감사합니다.

이루어 주실 줄 믿습니다."

기도로 나쁜 것을
계속 끊어줘야 한다.
"예수 이름으로 물러가라!"
아주 냉정하게 대적해야 한다.

기도를 많이 하면
금 캐는 전문가처럼
하늘의 비밀을 많이 캘 수 있다.
금 있는 곳은 전문가가 안다.

새벽기도도
마무리를 잘해야 한다.
"하나님이 제게 원하시는 것이 무엇입니까?"
여쭤 봐야 한다.

하나님께 용건을 솔직하게,
구체적으로 말씀드려야 기도가 성공한다.
주관이 뚜렷하지 못하면

헷갈려서 바르게 구하지 못한다.

자녀를 위한 기도
"자녀들이 하나님 뜻대로 살게 해 주세요.
자녀들이 가지 말아야 할 곳은
가지 말게 해 주세요."
기도를 쌓아 놓아야
나중에 애들도 좋고 나도 좋다.

"열납되는 기도를 드리게 해 주세요.
제가 모르니 가르쳐 주세요."
"하나님! 뭘 원하세요?"
"기뻐하시는 것이 무엇인지요?"
라고 간절히 기도해라.

흔들리는 것이 계속되므로
항상 주의 도움이 필요하다.
하루에도
몇 번씩 마음을 가다듬어라.
쉼 없는 기도가 필요하다.

"잘못된 것 바로잡아 주세요"
라고 죽을 때까지
하나님께 부탁해야 한다

◉ **식사 기도**

"하나님!
감사하게 먹고 건강하여
주님 영광 위해 살게 해 주세요.
베푼 손길에 축복해 주세요.
예수님 이름으로 기도합니다. 아멘."

◉ **문상 기도**

"성도님이 하나님 품 안에
편히 쉬게 해주셔서 감사합니다.
하나님!
가족들을 위로해 주세요.
예수님 이름으로 기도합니다. 아멘."

▣ 눈 뜨자마자

하나님!
성령님으로 기도드리게 해 주세요.
우리 가정을 괴롭히고 방해하는
모든 귀신은 예수 이름으로 나갈지어다.

하나님!
오늘도 우리 가정을 눈동자같이
지켜주실 줄 믿습니다.
우리는 하나님의 아들, 딸들이다.
우리는 예수 이름으로 승리했다.
하나님, 오늘도 불꽃같은 눈동자로
지켜주실 줄 믿습니다.

우리를 지켜주시니 감사합니다.
예수님 감사합니다.
성령님 감사합니다.
예수님 이름으로 기도드렸습니다. 아멘.

■ 나라와 민족을 위한 기도

하나님!
○○○ 대통령에게 지혜와 분별의 영을 주서서
우리나라를 잘 다스리게 해 주시고
백성을 사랑하는 마음을 주세요.

우리나라 위정자들이
하나님을 두려워하고
하나님께 영광을 돌리는
사람들이 되게 해 주세요.

우리나라의 잘못된 것들
하나님께서
바로잡아 주실 줄 믿습니다.

부정부패 없애 주시고 음란 없애 주세요.
살인, 강도 없애 주시고
거짓 증거 없게 해 주시고
테러도 없게 해 주세요.

다 물러가게 해 주실 줄 믿습니다.

하나님!
우리나라가 경제적으로
부유한 나라가 되게 해 주실 줄 믿습니다.
예수님 이름으로 기도했습니다. 아멘.

▣ **아침 기도**

하나님!
성령님으로 기도드리게 해 주세요.

(사도신경을 드린다.)

하나님 아버지를 마음을 다하여
뜻을 다하여 정성을 다하여
목숨을 다하여 사랑하게 해 주시고
이웃을 내 몸과 같이 사랑하게 해 주세요.

끊을 건 끊고 자를 것은 자르게 해 주세요.
보지 말아야 될 것은 보지 말고 좋은 것만 보는
눈이 되게 해 주세요.

듣지 말아야 할 말은 듣지 말고
복된 말만 듣는 귀가 되게 해 주세요.
불의한 말은 막아 주시고
복된 말만 하는 입이 되게 해 주세요.

가지 말아야 될 곳은 막아 주시고
복된 발걸음이 되게 해 주세요.
제 마음을 제가 모르니
순간순간 하나님께서 제 마음을
지켜주시고 인도해 주세요.

하나님께서
제게 원하시는 것이 무엇입니까?
원하시는 뜻이 무엇인지
분별하게 해 주세요.

시기, 질투, 미움,
교만, 욕심, 거짓을 없애 주세요
지혜와 명철을 주세요.
분별의 능력을 주세요.

하나님께 영광을 돌리고,
사회에서는 덕을 세우고,
가정에서는 기쁨이 되고,
교회에서는 맡은 바 사명을
잘 감당할 수 있는 능력을 주세요.

하루에도 만남의 축복을 주세요.
(각자 기도하고 싶은 사람들이)
하나님 주신 사명을 잘 감당하여
충성 봉사하게 해 주세요.

모든 것을 하나님께서 지켜주실 줄 믿습니다.
우리 가정 통해서 하나님 영광 가리지 않게 해 주시고
영광을 돌리게 해 주세요.
예수님 이름으로 기도드립니다. 아멘.

믿음

믿음을 가지면 인생이 활짝 펼쳐진다.
우뚝 선 신앙생활을 하면
하나님이 주시는
아름다운 맛은 형용할 수 없다.

신앙이 경지에 오르면
모든 문제가 해결된다.
신앙 가지면
모든 것 다 가진다.

빛은 구원인데
이 신앙에서
기쁨이 오고 능력이 온다.

빛이 나오면
짓눌린 사람들을 건져낼 수 있다.
막 나가는 세상에서

믿는 사람만이 중심을 잡는다.

신앙생활이 다른 점은
기쁨이 넘치고
뭔지 모르게 자신감이 넘치며
뭐든 할 수 있다고 생각하는
당당함이 있다는 것이다.

기적을 보면 믿음이 생긴다.
들음으로써 믿음이 내 것이 된다.
신앙은 가다가 멈추더라도 되돌아서선 안 된다.
믿음을 밀고 나가는 것이 중요하다.

믿음 안에서는
시기, 질투, 미움, 교만, 욕심, 거짓,
음란, 수군수군, 무시하는 것,
술 취함 등이 없어야 한다.

내 몸이 성전이므로
처신과 행동을 잘 해야 한다.

술 취하지 말고
자기 신앙 자기가 지켜야 한다.

사람은 연약해서 신앙도 계속 가다듬어야 한다.
파도가 깊은 바다에서는 잔잔한데
얕은 물가에서는 자주 찰싹거린다.
깊은 신앙과 얕은 신앙도 마찬가지다.

보이지 않는 세계를 믿는 것은
정말 대단한 일이다.
하나님 세계와 과학계를 어떻게 비교하나?

씨는 별것 아니나
싹이 나오면 정말 예쁘다.
신앙의 씨도 마찬가지다.

믿는 사람들은 하나님 때문에
나쁜 마음이 자라지 못하게 절제하는데
식물로 말하자면
잡초의 싹이 자라기 전에 없애도록 노력하는 것이다.

우리 심령에서 더러운 것 하나가 빠지면서
새롭고 좋은 것으로 채워야 하는데
나쁜 것이 빠져나간 빈 곳을
성령님과 예수님 사랑으로 채워야 한다.

좋은 생각으로 채워지면
남의 말은 하지도 않고
나를 미워하는 사람을 사랑하고 이해하게 된다.
이것이 신앙생활이다.

신앙이 크면 클수록
겪어 나갈 일이 많아진다.
신앙은 얽매이지 않고 자유해야 한다.

불만, 혈기, 욕심, 미움, 시기, 질투 등이
작은 기둥, 큰 기둥이 되어 우리 속에 버티고 있다가
기도와 회개로 차례차례 무너지면
몸은 지치게 되지만 우리가 변화됨으로써
하나님께서 회복시켜 주신다.

신앙생활 한다면서도
자기 짐을 자기가 지고 사니까 기쁨이 없다.
신앙 없으면
인내가 오래 못 간다.

신앙생활은
첫째, 욕심이 없어야 한다.
신앙생활에서 욕심이 없으면
사람 눈치를 안 본다.

신앙생활에서는
자기를 내세우면 안 된다.
신앙생활은 분별을 잘 해야 한다.
다져지지 않은 신앙에는 능력을 주시지 않는다.

신앙생활 하면서는
살림을 더 잘 해야 한다.
신앙이 좋다가
나사가 겉도는 경우가 있다.

믿음 안에서 흔들리지 말아야 한다.
적이 없을 수 없는데
부딪치지 않으려면
신앙밖에 없다.

신앙은 바탕이 중요하다.
원래 네 마음을 찾아라.
신앙은 우선순위가 중요하다.
신앙은 절차를 잘 밟아야 한다.

체험적으로 거듭나야 신앙이 들어간다.
체험적 신앙을 가져야 한다.
체험 없으면 신앙생활 하기 어렵다.
간절한 믿음을 체험해야 한다.

감동은 체험적 신앙이 있어야 온다.
초심이 변하지 말아야 한다.
세상이 너무 악하니 믿는 우리라도
고지식하고 정직하며 성실하게 살아야 한다.

살다 보면 어려운 일 많으나
믿음으로, 사랑으로 이겨야 한다.
원수도 사랑하는 마음이 있어야
분통 터지는 것을 이긴다.
신앙 아니면 참을 수 없다.
참아 줘라.

신앙은 깊이 들어갈수록 겸손해진다.
신앙생활은 달려가면서도
쉬어서 가다듬고 다시 달려가야 한다.
늦더라도 방향은 맞아야 한다.

신앙에서는
순종이 제사보다 낫다.
신앙은
어린 아이 같아야 한다.

무엇이 됐건
"하나님 뜻대로 하세요"
할 때 일이 풀린다.

신앙이 별스럽지 못한 사람도 많다.
신앙 좋은 사람이 더 문제 될 수 있다.
믿음을 너무 내세우면
덕이 안 된다.

신앙인은 술 취한 사람에게도
인정을 받아야 한다.
믿음이 있으면 기뻐야 한다.
기쁜 마음으로 헌금하고 봉사해라.

기쁘지 않으면
거듭나지 않은 것이다.
찬양하다가 역사가 난다.
신앙의 단계가 높아질수록
시련이 많다.

예수님

예수를 믿어도 푹 빠져서
진실성 있게 믿어라.
예수를 믿어야 지혜가 온다.

예수 없으면 자기 생각에서 흔들린다.
상처 받을 때
예수님 이름을 불러라.

끝없는 길이 인생길인데
외롭고 어려운 길이지만
예수 신랑 붙잡고
소곤소곤하며 걸어가면 행복하다.

예수님 있으니 외롭지 않다.
신랑 예수 모시면
혼자 사는 사람도 외롭지 않다.

병들고 쓰러지기도 하는데
예수님만 붙잡고 이겨 나가라.
예수님은 병을 고치신다.
예수 이름만이 세력이다.

말씀

하나님 말씀은 길이요 진리이다.
말씀을 들으면 길이 열린다.
말씀은 인도이며
아무리 어려워도 등불이다.

성경은 길이다.
성경은 방패다.
성경을 모르면 분별이 안 된다.

말씀대로 살면 실수 없다.
하나님 말씀 때문에
인격적으로 산다.
말씀을 들을 때 마음속 깊이 들어가야 한다.

말씀을 들을 때는
입에 입으로,
눈에 눈으로,

귀로 들어서 내 것으로 삼아야 한다.

말씀으로 무장하면
치유 기도가 잘 된다.
말씀이 나가야 기적이 온다.

말씀은 능력이므로
거기서 기적이 나온다.
말씀으로 능력 나가야 하고
문제도 해결돼야 한다.

성령 충만보다 말씀 충만이
우선돼야 한다.
죄를 하나씩 빼려면
말씀대로 살아야 한다.

요즘은 정이 없어져
하나님 말씀 붙잡고 살아야 한다.
성경 지식은
교만이 나오기 쉽다.

말에 대하여

친한 사람이라도 좋은 얘기는 들어 주고
남의 험담을 하면
속으로
'사탄아! 예수 이름으로 물러가라!' 기도해라.

기도하는 사람은
말 한 마디도 중요해서
부정적으로 하지 말고
긍정적인 말을 해야 한다.

듣는 사람 중에는
"아"로 말해도 "가"로
듣는 사람도 있다.

다른 사람을
위로해주고
힘을 줘야 하는데

말로 상처를 주면 안 된다.

"내 입의 말을
하나님께서
주관해 주세요."

남의 말 하지 말고
욕심 부리지 말아야 한다.
남의 말 하면 손해 난다.

세상 사람들과는
알아듣지 못할 말을 아껴라.
하나님 나라 확장과
상관없는 말은 더욱 그러하다.

영적 생활

영이 잘 돼야
육신의 일도 잘 된다
영이 예민하면서
감사하면서 살아야 한다.

육신이 잘되야 영이 잘된다
영적인 눈을 떠야 한다.
영의 눈을 떠야
속지 않는 생활 한다.

영의 눈을 떠야 분별한다.
믿는 사람이 세상 사람과 다른 점은
영의 눈을 떠서 잘못된 길을 비켜 가는 것이다.

영적 세계를 알려면
욕심 없고 마음이 깨끗해야 한다.
영의 세계는 세상 사람이 모르는 세계이다.

영적인 세계는 영의 눈을 뜬 사람만 알 수 있다.

영이 곧 생각이다.
영적 세계가 무섭다.
영적인 것은 살을 파고 들어간다.
영적 세계가 참 힘이 든다.

영적 생활을
체험해야 한다.
그러나 지식인은 따진다.

세상적인 끈이 끊어지고
영적 세계에 들어가면
처음에 길이 좁다가 넓어진다.
응답도 넓어진다.

성령을 거스르는 것은 배추 몸살하는 것과 같다.
배추를 옮겨 심으면
처음에는 모르지만 시간이 지나면
뿌리 몸살을 하느라 성장이 더디다.

영적으로 한 번 상처를 받으면 이와 같다.
그래서 성령을 거스르면
회복이 얼마나 어려운지를 알아야 한다.
상처가 그만큼 크다는 이야기다.

받은 은혜를 잊고 차츰 영이 멀어지면
회복하기 어렵다.
영이 막히면 복을 받지 못한다.
영이 막히면 가정 문제가 해결되지 않는다.
가정의 묶인 것이 풀어지지 않는다.

영이 사방으로 뺏기는 수가 있다.
돼지에게 진주를 주지 마라.
영적 경험 모르는
사람에게 말하지 마라.

영 분별하지 않으면
미혹의 영에 끌려 다닌다.
마음 떠보며 유혹할 때 분별의 영을 구해야 한다.
축복권과 분별의 영이 있다.

육신의 부모 잘 만나면 호강하지만
영의 부모 잘 만나면 소생한다.
영적 지도자를 잘 만나야 한다.
영적인 지도자가 가르치면 끝까지
가르침을 받아야 한다.

영적 싸움은 쉽기도 하고 어렵기도 하다.
영적인 공격이 오면 부딪쳐서
내 것으로 삼아야 하고
마귀에게도 인정을 받아야 한다.

영이 어두우면 일이 막힌다.
영적으로 죄가 꽉 차면 귀가 안 들린다.
마음이 어둡기 때문이다.
하나님께 내놓지 않은 것이 있으면 안 들린다.

영적 교만이 제일 문제이다
큰일을 하려면 영적 시련이 많다.
영 분별하고 참아주고
사람은 인정하되 안 좋은 말은 무시해라.

영 분별

내가 하고 있는 역할을 분별해야 한다.
문제가 생기면
내가 어디서 잘못됐나
마음을 가다듬고 살펴야 분별이 나온다.

분별하려면 속을 보는 눈이 있어야 한다.
분별하면 실수 없다.
마지막 때
분별을 잘 해야 한다.

행동과
처신을 함에 있어서
때와 장소를
잘 가려야 한다.

복 있는 사람은
좋지 않은 조직에 들어가지 않는다.

진실한 마음은
제 고집대로 살지 않는다.

영 분별은
은사
병 고치는 것은
능력이다.

방언은 조심해서 해야 한다.
다듬어야 한다.
겉 넘으면 안 되고
손도 함부로 내두르면 안 된다.

너무 좋다고
흥분하거나
어렵다고
좌절해서도 안 된다.

"아멘"도
할 때가 있고
안 할 때가 있다.

신앙 안에서의 축복

마음을 비우면 축복이 온다.
물질보다 마음이 즐거워야
축복이 온다.

남을 핍박하지 말아야 축복이 온다.
주어진 데서 곧이곧대로 살아야
축복이 온다.
조그만 데서 축복 받는다.

받는 것보다 주는 것이 복이다.
축복 받을 일을 해야 축복 받는다.
축복을 빨리 받는 것은
축복 받을 일을 했기 때문이다.

감사에서 축복권이 온다.
축복권은 어제까지의 행동을 바꿔야 온다.
심어야 걷는다.

축복이 헌금한 이에게 흘러 들어간다.
축복권이 있다.

축복은
첫째, 하나님을 알게 되어 죄 안 짓고
둘째, 다른 사람을 용서하는 마음이 오는 것이다.

축복은
하나님과의 관계에 달렸다.
하나님이 예비하신 축복은
누구도 막을 수 없다.

하나님 축복은
잘 붙잡아야 한다.
'살아 움직이는 역사!
어려운 축복의 통로!'

축복도 통로가 있다.
하나님 편에만 서면 축복의 통로가 열린다.
우리 가는 길이 복된 길이다.

축복 받는 길이 보인다.

바라는 것의 실상이요,
보이지 않는 것의
증거라 하실 때,
마음을 비워야 축복을 주신다.

하나님께서 주시는 축복은 따로 있다.
알뜰한 복이다.
하나님이 주신 축복은
좀도 안 먹고 도둑도 맞지 않는다.

노력에 대한 대가보다
하나님 축복은 난데없는 축복이다.
그 대신 열심히 일해야 한다.
하나님께서는 뛰면 뛸수록
일한 대가의 축복을 주신다.

하나님의 축복을 받으려면
마무리를 잘해야 한다.

복 있는 사람은 따로 있다.
축복은 주어질 때 빨리 잡아야 한다.

축복이 오려면 시험이 많다.
우리가 관리하는 모든 것은 우리의 축복이다.
하나님 뜻대로 잘하면 나중에 더 큰일을 맡기신다.
그릇대로 쓰신다.

은근히 복이 온다.
똑같이 축복을 주셨는데 지혜로우면 편하게 지낸다.
받은 축복을 하나님이 빼앗아 가시지 않게
항상 자신을 점검해야 한다.

축복 받을 때, 살짝 삐딱해지면 안 된다.
마음이 교만하면 안 된다.
신앙생활하고 5년 안에
축복받지 못하면 문제가 있다.

잘못된 사람에게 축복을 주면 더 죄를 지을까 봐
복을 다 걷어 가시기도 한다.

"이만하면 됐어" 하고 교만해지면
더 축복 받을 것을 막는다.

왕장왕장하면 자기 복을 깎아먹는다.
고집 세고 남의 얘기 하고 다니면
복을 깎아 버린다.
하나님 편에서는
나오던 것이 들어가 버리기도 한다.
축복의 촛대를 옮기는 것도 순식간이다.

복 주시려는 마음도
우리 하는 것 봐가며
들어갔다 나갔다
하루에도 몇 번씩 변하신다.

하루에도 축복권이 갈라진다.
솔직하지 못하면 축복도 없다.
시기, 질투하면 복을 더 못 받는다.
마음이 더러우면 축복 받을 수 없다.

거듭남

우리는 거듭나야 한다.
거듭나야 변화된다.
기쁘지 않으면 거듭나지 않은 것이다.

거듭나면
남을 핍박하는 말이 전혀 안 나온다.

변화

진실할 때, 변화가 온다.
빛의 생활을 해야 한다.
한 사람이 완전히 변하면 많은 열매가 맺힌다.

자기가 살아 있으면
죽지 않은 불씨,
죽으면 열매 맺는다.

이 세상의 기준을 훌쩍 뛰어넘어야 한다.
나쁜 습관 없애고 구별된 생활 해야 한다.
내 옛 모습을 내려놓아야 한다.
내 모습 이대로 오염된 데서 벗어 나가야 한다.

더러운 것이 하나하나 빠져나가면
변화되는 것을 느낄 수 있다.
말씀대로 살겠다고 결심하고 욕심 없애니
평안이 오고 그 다음에 일이 술술 풀린다.

자아가 죽어져야 한다.
자기가 살면 변화가 안 된다.
거짓이 있으면 산만해진다.
빨리 변화되어야 한다.

변화되는 사람이 되어야 하고
욕심이라는 말은
수준 있는 신앙인에게는
해당되지 않는다.

깨닫지 못하니까 일러주면
빨리 변화될 수 있다.
들음으로써 믿음이 생기는데
이 책을 보면 변화되려나?

감사

사람은 믿지 말고
하나님께
감사만 해라.
주어진 데서 감사하는 것이
제일 중요하다.

더 안 좋은 데 대고
감사해야 한다.
인생 사는 것 힘드니 어지간하면
감사해야 한다.

감사와 불평, 불만의 차이는 정말 크다.
불평, 불만하지 말고
감사와 기쁨으로 살아야 한다.
감사를 잊으면 불평, 불만, 원망이 나온다.

감사로 나가야 분별하며 믿는지를 알 수 있다.
구별된 삶을 살게 해주심을 감사해야 한다.
작은 것에 감사하다 보면
자꾸 감사할 일이 생긴다.

지혜로운 사람은 주어진 것에 감사한다.
돈이 있어 당당하면 처음의 감사를 잊어버린다.
돈 없으면 하나님께 매달리고
가까이 가게 된다.

감사 기도밖에 할 것 없다.
능력을 더 주신다.
감사할 것은 정말 많다.

기쁨

하나님을 내 안에 모시면
세포 하나하나가 춤추는 것 같다.
신앙 안에서는 기쁨이 가득해야 한다.
기쁜 마음으로 헌금하고 봉사해라.

기쁨이 관건이다
그때, 축복이 온다.

죄

철났을 때 죄 지으면 죄 값을 받아야 한다.
죄 값은 있다.
죄 값은 대가를 치러야 하는데
회개를 해야 해결해 주신다.

환한 세상인데 어리석어서
혼자 어두운 밤중인 줄 알고 부정하고 죄 짓는다.
모르고 지은 죄도 하나하나 생각나면
잘못했다고 말씀드리고 평안을 얻어야 한다.

아무리 죄가 많아도 회개하면
하나님은 다 용서하시고
은혜를 주신다.

순간적인 마귀 역사로 죄를 지으면
그 죄를 끊고 하나님께 참으로 회개하면 되지만
습관적인 죄는 안 된다.
죄를 자꾸 빼야 한다.

회개

회개는 기쁨이다.
상처를 회개로 밑바닥까지 꺼내 버려야
기쁨이 온다.

누군가 미우면 회개해야 한다.
미워한 것을 얼른 용서 받아야 한다.
회개가 최고이다.
거짓말하면 일이 더 막힌다.

있는 그대로 해야 한다.
빨리 돌이켜야 한다.
회개는 기본, 벌써 뛰어넘었어야 한다.
병도 병이지만 회개가 필요하다.

시련이 있어야 회개도 한다.
하나님이 회개 없이 그냥 덮어 주시지는 않는다.
섭섭한 것, 미워한 것 등을
회개 안 하면 치매 된다.

은혜

은혜 받은 눈물은 독이 빠진다.
은혜 받으려면 생각, 마음, 행동이 발라야 한다.
헌금을 내도 자기가 은혜를 받아야 한다.
은혜가 뿌리라면 평강은 열매이다.

겸손, 교만에 대하여

신앙은 깊이 들어갈수록 겸손해진다.
눈을 위로 떠라.
잘될 때 겸손해야 한다.

'내가 무엇인데'
하는 마음이 겸비한 마음이다.
내가 뭔가 한다고 생각하는 것이 교만이다.
제가 잘한다고 교만하지 마라.

바늘귀로 슬쩍 구멍 내
그것이 점차 커져서 결국 무너지고 만다.
조금도 으스대지 말고 더 낮아져야 한다.

교만이 제일 안 좋은 것이다.
말씀을 계속 들어도
변화되지 않으면
교만한 것이다.

교만해지지 않으려면 우선
하나님께 영광 돌리고
"더 할 일 있을 거다
이 봉사가 전부가 아니다" 하고 다잡아야 한다.

좋을 때에 교만이 오니
이때를
조심해야 하고
기도를 많이 해야 한다.

능력, 전도, 헌신

헌신하려면
첫째, 불평 불만이 없어야 하고
마음, 몸, 물질을 함께 바쳐야 한다.
말씀과 능력과 헌신이 같이 드려져야 한다.

그때 그때
맞는 능력이 따로 있다.
보는 것이 능력이다.
설교 중에 목사님과
눈을 맞춰야 능력이 나온다.

"하나님께서
저를 어떻게 쓰시렵니까?"
그릇대로 쓰시고
감당할 만한 일을 주신다.

뿌린 대로 거둔다.
"나를 마음껏 쓰세요."
선한 씨를 뿌려야 한다.

돈을 내가 가지면 거기서 그치는데
아이들에게 주니 그들이
다른 선교사들에게 드려
새로운 씨 뿌려 하나님 나라를 확장시킨다.

전도하려면 사랑과 심방이 필요하다.
우리가 전도하면
하나님 나라가 확장되고
하늘나라 국민이 자꾸 늘어난다.

전도도 희생하며 덕을 세워야 한다.
희생이 들어가야 사랑 있고 열매 있다.
행동을 보여 줘야 한다.
전도하면 자식이 축복 받는다.

봉사는 기쁜 마음, 감사한 마음으로 하자.
있으면 나눠 주어야 한다.
이 길이 복된 길이다.
나눠 주고, 봉사는 숨은 봉사를 해야 한다.

보잘것없는 사람에게 한 것이
주님께 한 것이다.
자기만 위해 사는 사람이 아니라
남을 위해 사는 사람이 돼야 한다.

마음, 선택에 대하여

마음이 정리되어야 한다.
마음이 기뻐 뛰며
찬송할 사람이 몇이나 될까?

마음으로 맞춰 주는 것이 십자가이다.
참을 수 없는 것을 참기 때문이다.
내 마음을 어디에 두는지가 중요하다.

한 발짝은
하나님의 것,
한 발짝은 마귀의 것
항상 노리고 있다.

한 쪽이 감사, 기쁨이면
한 쪽은 불평 불만이다.

거짓이냐? 진실이냐? 선택이 중요하다.
어느 쪽을 선택하느냐에 따라 선악이 갈라진다.

기도하면 마음이 편해진다.
싸움이 육에 있지 않으니
빈약해도 마음에 달렸다.

교회 봉사 많이 하는 것보다
내 마음 반듯한 것이
더 중요하다.
진실한 마음은 최선을 다하는 마음이다.

내 마음을
가다듬어 가며 살아야 한다.
시기, 질투는
정말 없어야 한다.

남을
핍박하는 마음이 없어야 한다.
삶을 헤치고 나가는데

마음이 묶이면 안 된다.

마음을 주님께 드리자.
우리는 사랑하는 집단이다.
마음이 바르지 못하면
은혜 받지 못한다.

성령, 감동

성령님은 마음을 감동시키신다.
성령님께 마음 기뻐하며 부탁해야 한다.
교회 봉사, 성경 공부가 중요한 것 아니라
체험이 중요하다.

생각보다 먼저 감동,
그 다음에 느낌,
그 뒤에 행동이 온다.
응답보다는 감동이란 단어가 낫다.

성령 충만해도 감동이 없으면
움직이지 않게 된다.
감동이 중요하다.

감동되면 하나님이
역사하셔서 이루신다.
하나님과 사람에게 인색하면 안 된다.
감동을 주어야 한다.

신앙 안의 인생

기분 좋게 살아라
편안히 살아라.
병들지 않으려면
다 용서해야 평안이 온다.

후손을 보면 열매를 안다.
때를 놓치면 열매가 없다.
열매가 없으면 외롭다.
열매가 시기, 질투 때문에 안 좋다.

진실성이 있어야 한다.
협조가 있어야 일을 할 수 있다.
늦게 가더라도 방향은 맞아야 한다.
시간을 아껴야 한다.

어떤 사람을 만나느냐가 중요하다.
자기를 괴롭히는 사람을 돕는 사람도 있다.

발전성이 있으면
다음 단계로 나가야 한다.

자기에게 주어진 데서 열심히 일하고
자꾸 개발해야 한다.
의논해야 협력하여 선을 이룬다.

큰 사람은
큰 사람을 통해서 역사한다.
큰 시험을 이겨야 한다.
가짜가 진짜보고 가짜라 한다.

좌로나 우로나
치우치지 말아야 한다.
지혜가 있으면
인생을 쉽게 살 수 있게 해 주신다.

시련은 축복권이다.
시련이 있어야 하나님께 가까이 간다.
일은 하나님이 하시고

성공하려면

고지식하고 정직하면 된다.

사랑, 용서

옛날 죄는 회개하면 용서하시나
집사나 권사가 되면
용서 받는 데 많은 시간이 걸린다.
알고 짓는 죄이기 때문이고
축복과 관련이 있다.

사랑 받았으면 희생도 해라.
사랑은 말로 하는 것이 아니다
눈물 없이는 안 된다.
은사도 관리를 잘 해야 한다.

자아, 문제

자아는 죽어져야 해,
녹아지고 썩어져야 해.
그렇지 않으면
눈이 있어도 보지 못한다.

욕심이 있으면 안 된다.
욕심은 교만이다.
남의 허물을 드러내고 욕하면
은혜 받지 못한 사람이다.

실이 엉클어져도 하나하나
조금씩 풀어나가면 된다.

흔들리는 것이
매일 계속되므로
항상
주님의 도움이 필요하다.

순종, 응답, 진리

어떻게
생각해야 하나?
응답은 어떻게 받나?
응답은 평안이다.

순종하면 평탄한 앞길을 열어 주신다.
듣기만 하면 다 된다.
하나님 거역하면 안 된다.
감정 말고 진리로 풀어야 한다.

신앙도 남을 무시하면 안 된다.
하나님 주신 것이 모두 다르다.
성격이 다르니 각기 다르게 주신다.
들어도 될 사람, 들어선 안될 사람이 있다.

제3장

교회 생활

교회
예배, 기도
목회자
직분자
교인
헌금, 재정에 대하여

교회

교회를 위해 바로
내가 기도해야 한다.
교회는 진실한
한 사람의 기도만 있어도 부흥된다.

교회에서 은혜를 받아야
가정에 기쁨이 온다.
교회에서 불을 받아 가정에 가져간다.

교회가 성장하려면
뜨거운 기도와 노력이 필요하다.
교회는 교인이 늘고 재정이 늘면
성공한 것이다.

교회의 축복은
공중에서 날아 들어온다.
교회에서는 사람을 바라보지 말고

하나님을 바라보아라.

교회는 좋은 사람도 있지만 문제 있는 사람도 있다.
사람이 해결하지 못하는 것을
하나님을 만나
하나님의 역사로 해결하는 곳이 교회다.

변화되어
옛 모습 벗어 버리고
새롭게 새사람으로
쏙쏙 빠져 나온다.

교회가 부흥이 안 되면
교인이 복을 받지 못하고
변화되지 못한다.

교회에서도
거듭나지 않으면 봉사하지 않는다.
교회를 핍박하면 복을 받지 못한다.

교회에서 기도하지 않으면
사탄이 역사한다.
교회 분란은 사탄의 역사다.

예배, 기도

하나님이 할아버지라면
주일예배는 손주가 반갑게
할아버지 만나러 가는 날.
할아버지가 손주에게 축복 주는 날.

수요예배는 "그동안 잘 지냈니?"
가볍게 만나는 날.
새벽기도는 자유 시간
나하고 하나님하고
숨은 말 다 하는 시간이다.

나라와 개인을 위해
"주세요" 하는 부탁 기도로
하나님과 깊이 만나려면
더 긴 시간이 필요하다.

대표기도는
3분 이내로 해야
기도가 중언부언 하지 않고
마음이 나온다.

교회에서 간증으로 불을 붙여 놓으니
마음 문이 열려
예배드리는 태도가 달라진다.

설교 말씀을 잘 못 알아듣는 이유는
마음이 닫혀서이다.

설교 중에는 영적으로 볼 때,
"아멘!"으로 받아먹는 것과
눈으로 받아들이는
이중의 은혜가 필요하다.

설교 중에 계속 졸면
"내가 어디서 막혔나?" 살펴봐야 한다.
설교 중에

목사님과 눈을 맞추어야 능력이 나온다.

보는 것이 능력이다.
말씀이 나가야 기적이 온다.
"교인들이 바로 서서
덕이 되게 해 주세요" 기도해야 한다.

구역 예배는
집안의 잡귀를 뽑아내는 역할이다.

목회자

목회자는 주는 자가 되어야 한다.
자아가 죽어져야 한다.
사역은 가슴이 넓어 다 품어야 하고
마음을 비워야 한다.

주의 종은 알아도 모른 척,
몰라도 모른 척 해야 한다.
목회는 욕심 없고
사랑만 있으면 성공한다.

겸손한 목사님들을
하나님이 크게 쓰시는 것을 보았다.
목사님을 위해서는
보이지 않게 기도만 해야 한다.

목사님 말씀이라도 강단에서
복음을 전하실 때는 하나님 말씀이지만

내려와서 다른 말씀하실 때는
목사님 말씀이다.

목사님은
첫째, 더 크게 쓰시려고
둘째, 믿음이 더 전파되게 하시려고
시련을 주신다.

목회자는 하나님 뜻이 아니면
절대 하면 안 된다.
목회자가 권리금 받고
교회를 넘기면 축복이 없다.

하나님 나라
확장이 중요한데
교회를 팔면 하나님 나라가
축소되는 것이다.

없는 목회자는 그냥 들어오고
돈 있는 목회자는

땅 사서 개척해야 한다.

사람의 방법이 아니라
하나님의 뜻을 따라야 한다.
교회는 교인이 아니라
주님을 위해 확장되어야 한다.

능력이 나타나
체험적인 것이 없으면
개척이 성공하기 어렵다.

목회자는
사례금을 받아서
도로 다 헌금을 하더라도
일단 받는 것이 옳은 일이다.

교인은 목사님을 섬기고
사례비를 드림으로써 개인적으로 축복을 받는다.
헌신 없이는 축복 받지 못하고
수고가 없으니 거둘 것도 없다.

직분자

집사, 권사들이
신앙인으로서 어떻게 덕을 세우나?
갖추어야 할 덕목은
먼저 주어진 데서 감사해야 한다.

보게 해 주심에 감사,
듣게 해 주심에 감사,
일할 수 있는 것과 걷는 것에,
그밖에 주신 모든 것에 감사해야 한다.

둘째, 상대방을
힘들게 하지 말고
할 만한 것은 자기가 해야 한다.

그 다음엔
옛날 고생한 것 말하지 말고
지금 주신 것에 감사해야 한다.

직분자는
몸을 사리지 말고
가정 살림하고 교회 봉사해라.

교인

교회에 등록하고
신앙적으로 출생 신고하면
이길 수 있는 힘이 나온다.
교회 등록이 중요하다.

기쁜 마음으로
헌금하고 봉사해야 한다.
기쁨이 있을 때 축복이 온다.

교인이 많아야 알곡도 많아진다.
똑똑하면 따지는데
교회에서는 순종해야 한다.

교회에서
노인들을 즐겁게 해주어야 한다.
젊어서 헌신하신
그분들을 잘 대접해야 한다.

교회 안에서 말이 많으면 안 된다.
교회 안에서 봉사하지 않는 사람이 말이 많다.
교회에 가서 사람을 보면 실망한다.
교회 안에서는 튀지 말아야 한다.

목회자의 정보를 캐내면 복을 빼내는 것이다.
목사님에게 잘 해야 복을 받는다.
목회자 잘 만나는 것이
큰 복인 줄 알아야 한다.

마음이 들락날락하는 교인은
마음 통하지 않는 자식과 같다.
교회 안에서도
분별을 잘해야 한다.

헌금, 재정에 대하여

교회 돈은 아낄 것은 아끼고
쓸 것은 써야 한다.
교회나 가정 모두 살림이 늘어야 한다.

교회는 있으면 내고 없으면 못 내지만
심은 대로 거둔다.
교회에 헌금하면
뿌듯하고 당당하다.

어떤 분은 지방 교회에
에어컨 3대를 헌납하고 장자권을 되찾았다.

하나님께 바치는 헌금은 씨다.
교회 돈은 마음과 정성을 다해 바친 것이므로
가치 있게 써야 하고 교회 살림도 늘어야 한다.

건축 헌금은 저축이다.
건축할 때 시험 들지 마라.
기쁜 마음 있을 때까지가 한계이다.
교회는 하나님이 지으신다.

건축 헌금을 내면
먼저 하나님이 영광 받으시고
두 번째, 헌금한 사람이 축복 받는다.
성전 건축에 참여하면
자손들이 활기차게 신앙생활 하게 된다.

교회 건축은
최선을 다해야 한다.
개인 일이라면 안 이루어지겠지만
하나님 일이니 이루어진다.

성전 건축은 아무나 하는 것이 아니다.
돈도 어떻게 쓰느냐가 중요하다.
헌금은 사람 일이 아니니
드리면서 계산하면 안 된다.

먼저 바칠 때
열매를 맺게 하신다.
교회에서는
봉사하는 대로 축복 받는다.

제4장

가정 생활

가정
부부
부모
자녀
가정의 어려움
가정에서의 기도

가정

가정이 건강하려면
사랑이 넘쳐야 한다.
병이 오기 전에 예방하여
가족이 건강해야 한다.

가정이 건강해야
신앙생활을 바르게 할 수 있다.
가정이 건강해야 모든 것이 있다.

올바른 가정생활을 해야 한다.
가정은 부지런해야 하고
거짓과 부정이 없어야 한다.

가정을 통해
남을 돕지는 못할 망정
남에게 피해를 주어서는 안 된다.
내가 하고 있는 역할을 분별해야 한다.

가장 중요한 것은
가정 테두리이고 부부이다.
자기 식구한테 잘해야 한다.

가정은 가족들의 마음을 잡아 주고
사랑을 되찾게 해주어야 한다.
육신의 생활이므로
여기서 가정 천국을 이루어야 한다.

복 받는 가정은 사랑이 넘친다.
가정에서 오순도순 살아야 한다.
가정생활이 행복하면
다른 것은 다 휩쓸려 나간다.

가정이 좋아야 사업도 잘된다.
가정이 튼튼해야 애들도 잘 큰다.
가정이 잘 되면 자녀가 잘 된다.
어른이 바로 서야 애들이 바로 선다.

남에게 봉사하면
자손이 복 받는다—건강, 물질 등
가족들이 서로 맞춰 가며 살아야 한다.
여러 식구에게 맞춰 줘야 한다.

가족들이 마음이 맞으려면
이해가 많아야 한다.
생활 속에서 가정이 변화되어야 한다.
가정 문제만 해결되면
자연히 하나님께서 복을 주신다.

한 사람이 희생하면
좋은 열매가 많이 열린다.
누군가가 집안에서 죽어져야 한다.

우리는
희생하기 위해 태어난 사람이다.
희생이 들어가야
사랑 있고 열매 있다.

하나님 안에서는
사랑받기 위해 태어난 사람,
사람 앞에서는
희생하기 위해 태어난 사람이다.

가족 중 누구라도
미워하는 사람이 있으면
미움이 빠져야 병이 낫는다.

예수 믿으면 자손들의 유전병도 끊어져
멋진 생활이 된다.
자식, 남편도 다 내 것 아니고
생명은 하나님의 것이다.

집에서 대우 받으려 하지 마라.
뭐라 해도 참고 사는 것이
가정에서의 생활 기도이다.
집집마다 흠 없는 집 없다.

마음에 맞지 않아도 아무 말 말아라.
음식도 감사, 사랑, 기쁨으로 만들어야
가족이 건강하다.
미워하며 밥해 주는 것은 독약을 먹이는 것과 같다.

그저 나는
최선을 다해 희생할 뿐이다.
믿는 본을 보여 줘서
식구들을 전도해야 한다.

자기가 치우지도 못하면서
종일 신경만 쓰는 사람도 있다.
집은 환하게 해야 한다.

부부

남편을 존경하고 사랑해야
어깨가 펴지고 바깥 생활이 성공한다.
남편을 사랑하더라도
병이 날 정도까지는 말아야 한다.

부인을 아껴줘야 한다.
젊어서부터 아껴야
부인이 건강하다.
남자는 부인의 뜻에 따라줘야 한다.

한 쪽이 잘못된
즐거움으로 웃으면
한 쪽은 운다.
영적으로 좀먹는다.

부인이
남편에게 져주려 해도

어느 정도 비슷하게
결혼했어야 져줄 수 있다.

방이 하나면
부부가 하나 되기 쉽다.
방 많은 것보다
하나인 방도 좋다.

이 방 저 방 부부가 떨어져 자면
끈으로라도 연결하고 자라.
부부는 싸워도
붙어살아야 한다.

부부가 싸울 때
애들에게 싸운 척도 말아야 한다.
루즈 바르고
애들 없는 데서 싸워라.

남편 밉다고
상대 안하면 안 된다.

아내가 징징거리면
남편이 기죽는다.

여자가 참아야지 남자가 참나?
남편이 건강해야 아내가 좋다.
부부가 제일이다.

부부가 사랑해야
마음 편하고
그래야 애들한테도 잘 하게 된다.

남편한테 잘 해야 자손이 잘 된다.
남편을 받아들이고 존중해야지
자녀들이 바로 선다.

부부가 서로 등을 긁어 주다가 사이가 좋아진다.
아내가 하는 것에 따라
남편은 귀티가 줄줄 나게 된다.
여자는 고집 세면 안 되고 순해야 집안이 잘 된다.

"네가 잘났니, 내가 잘났니"
싸우다가 내가
좀 더 잘한다고 다툰다.
보이지 않게 손해는 자손들이 보게 된다.

아내는 자기가 저지른 일은
자기가 처리하고
남편에겐
좋은 얘기만 해라.

남편이 고집 부리면
정이 살곰살곰 물러간다.
아내가 효자 남편을
싫어하면 우울증이 온다.

젊어서 재미있게 살 시기에
시집살이 등으로 기쁨을 뺏기면
여자가 주관이
뚜렷해지고 고집이 세게 된다.

부부 간에 "기다, 아니다" 말하지 말고,
하는 말에 신경 쓰지 말고
사람만은 무시하지 마라.

젊어서 투닥거리면 늙어서 남남 된다.
탓하지 말고,
이유 따지지 말고,
무조건 남편한테 잘해야 한다.

남편이 화를 내도 겁먹지 말자.
'들러므 삼켜라'
속으로 깊이, 꿀꺽 삼키고 또 삼켜라.
참고 또 참아라

배우자 미워하면 자기 손해다.
남편의 자리는 엄청난 것이다.
남편한테 잘못하면 돌아가시기도 한다.
여자가 아무리 잘났어도 남편 없으면 안 된다.

남자는 늙으면
얇은 유리 그릇 같아진다.
아내가 남편을 한 번만 구박하면
금방 병드신다.

부부는 눈으로 사랑 넣어가며
바라봐야 매력 있다.

남편이 연세 있으면 연세 있어 그러니
물 틀어 놓으시면 잠그고,
불 켜놓으면 끄고,
뭐라 하지 마라.

여자가 살림을 늘려가지
남자가 늘려가는 것 아니다.
여자는 살림을 잘해야 한다.
살림을 잘해야 집안이 평안하다.

여자가 세면 집안이 기울어진다.
여자는 참아야 한다.

어려운 일 있으면
여자가 헤쳐 나가야 한다.

아내는 자기 잘못은 옅게 느끼고
남편의 잘못은 짙게 느낀다.
부부를 맺어 주신 것도
하나님의 뜻이다.

부부가 변화되면
사탄이 틈타지 못한다.
부부가 서로 무시하면 안 된다.
서로 떠받치고 살아야 한다.

남자들은
일찍 은퇴하는 불안감이 크다.
여자들이 잘 해야 한다.
아내는 남편에게 최선을 다해야 한다.
남편에게 대들지 말고 순종해라.

아내는 가정에
사랑과 즐거움을 줘야 하는데
마치 나무를 심고 물을 양동이로
듬뿍 주는 것과 같이 해야 한다.

하루 남편을 위해 기도해 주면
하루가 더 행복해진다.
도움을 주지 못하는 남편이 되면
그 때는 정말 잘 해줘야 한다.

콩을 팥이라 해도 그 말을 그대로 인정해 주고
"그래, 당신 말이 맞아" 하고
속으로는 '아니다' 분별하고
그 말은 무시하되
사람은 무시하지 말고 존중해라.

어떤 남편은 부인이
식물에 물을 풍부히 주듯이
사랑을 듬뿍 주어
인물이 정말 귀티 나게 변했다.

부부 사이에는
사랑과 평안함이 중요하다.
처신을 깨끗이 해야
자손들도 복을 받는다.

남자는 물가에 내놓은
아이와 같을 때가 있다.
두 눈을 똑바로 뜨고
기도로 가정을 잘 지켜야 한다.

유혹하는 사탄의 세력이 세므로
기도가 꼭 필요하다.
집에서 먹는 것은 보약,
밖의 것은 독약이다.

기도 많이 하면
잘못 가던 남편도 바로 가게 된다.
따질 때도 조용히
"조심해야 해요"라고 말해라.

부인이 병들면 자기 손해이다.
자식은 울타리이고
속속들이 좋은 것은 부부밖에 없다.
자식이 아프면 부부가 하나 된다.

늦게 결혼하면 짧고 멋지게 살아
길게 구질구질 사는 것보다 나을 수 있다.
여자는 악착같이 살아야 한다.
남편이 활달하게 다니시면 감사해야 한다.

부모

부모가 처신을 잘해야 자식이 바르게 산다.
부모가 잘해야 인성 교육이 잘 된다.
부모는 덕을 세우고 참아야 한다.
부모는 씨 좋은 나무에서 좋은 열매 맺는다.

칭찬하고 방실방실
웃는 부모가 되어라.
부모는 애들 마음을 편하게 해줘야 한다.

부모가 베풀어야
자식이 받을 것이 있다.
자녀들을 다 놓아 주고
각각 자기 인생 살게 해야 한다.

자식에게 부담을 주지 말자.
틀을 만들어 주지 말아야 한다.
자녀에게 자유 주고

자연스럽게 내버려 두자.

자녀를 하나님께 맡기고
기도만 해라.
아이의 생각을 바꾸려면
엄마가 먼저 바뀌어야 한다.

하나님 앞에 바로 서려는 마음,
진실성을 엄마가 가져야 한다.
엄마가 성숙해지면
애들은 따라서 성장하게 된다.

애들 일 시킬 생각 말고
어떻게 살아야 할 것을
일러줘야 한다.

애들이 뭐라 해도
참고 인내하는
엄마가 얼마나 될까?

엄마가 마음이 편치 않으면
애들이 더 손해 난다.
정신 차려야 한다.
엄마가 영적으로 잘못되면 자식이 잘못된다.

부모가 잘난 척하면 애들이 손해 본다.
엄마가 자식을 우상 삼으면
자식이 엄마를 싫어하게 된다.
엄마가 간섭하면 집을 나가기도 한다.

"네가 먹어라" 해야지
먹여 주는 것 자체가 우상이다.
엄마와만 소통이 안 되지
속은 똑똑한 아이들도 많다.

부모는 아이들을 보면서
"내가 하나님 속을 어떻게 썩였나?
무슨 생각을 하고 살았나?"
회개해야 한다.

부모가 때리면 상처 받는다.
부모가 인색하면 자식의 폭이 좁아진다.
집에서 명령조로 말하거나 무게 잡지 말고
자녀들을 재미있게 해주어야 한다.

애들한테 딱딱하게
"할 거야? 안 할 거야?"
"너 꼭 해야 해! 알았지?"
"너 꼭 해놔!" 하지 말고

"할 수 있겠지?"
"할 수 있는 데까지 해봐" 부드럽게 말하고
다 못했으면
"네가 힘이 들었나 보다" 위로해라.

자식 걱정은 그늘이다.
자식이 잘못 되면
부모가 스스로를 돌아봐야 한다.

문제가 있는 자손을
불쌍히 여기며 기도해야지,
저런 자식 없었으면 좋겠다고 하면
1년 기도한 것 다 허사가 된다.

하나님은 영이시라
마음과 중심을 드리고
육신의 부모에게 잘 해야 한다.

부모님한테 잘하면 자손이 잘되고,
계실 때 잘해야 돌아가셔도 후회가 없다.
사랑으로 모시면 연로하신 부모님께서
하늘나라로 가셔도 후회가 없다.

부모도 자식한테서 상처를 많이 받는다.
부모의 마음을
시원하게 해드려야 한다.

연세 든 부모님에게 과일을 드릴 때,
성의 없이 드리는 것과

정성껏 드리는 것의 축복은
엄청난 차이가 있다.

"그 연세에 안 아프시겠냐?"
그런 말은 하지 말아야 한다.
부모가 고집이 세면
자식에게 대우 받지 못한다.

부모가 자손들을 편하게 해주려면
죽을 때 죽더라도
으등거리지 말고 아파도 참고
방실방실 웃어야 한다.

교육은 부모가 노력한 대가의
땀 흘린 돈으로 시켜야 한다.

부모가 능력이 있다면
"사네, 안 사네" 하는 자녀 부부에게
특별히 후하게 해 주어서
헤어지는 것을 막아 주어야 한다.

자녀

애들 마음을 편하게 해주어야 한다.
애를 안정되게 키우는 것이 중요하다.
애들에게 자신감, 용기를 줘야 한다.
애들이 사랑 먹고 살면 결이 곱다.

아이를 인정해 주고
설득하는 것이 중요하다.
자라나는 아이들을
정말 똑똑하게 키워야 한다.

애들 잘 키워 주시는 분은
하나님이시다.
하나님을 기쁘게 하는 애,
신경 쓰게 하는 애가 있다.

자식이 큰 울타리이다.
믿을 만한 자식이 있고

못 믿을 자식이 있다.
애들이 갈 곳이 있고 안 갈 곳이 있다.

욕을 하거나 잘못된 것은 야단치지 말고
조용히 빠져 나오게 기도하며 일러줘야 한다.
애들은 돈도 주고 컴퓨터도 하게 해주어야 한다.
애들이 변하려면 엄마가 먼저 변화되어야 한다.

애들은 엄마하고 통하지 않으면 열 받는다.
엄마만 안 보면
금방 좋아지는 아이도 있다.

교회만 왔다갔다하는 신자가 아니라
살아 계신 하나님을 직접 체험하는
신앙을 갖게 하시기 위해
아이를 통해 시련을 주신다.

자식 문제 통해
겸손해지고 성숙해진다.
자식을 위해 하나님께 바치는 것,

헌금이 있어야 한다.

지금 애들은
자기 하고 싶은 대로 해야 한다.
자기가 좋아하는 것을
활발하게, 솔직하게, 맘껏 하게 해주어야 한다.
그 대신 바른 길을 일러주어야 한다.

우리나라 애들은
정이 많아서
자유를 주면 세계적으로 먹힐 수 있다.
하나님께서는 우리 애들에게 재능을 주셨다.

가난한 나라를 여행해 보는 것이 공부다.
보고 느끼는 게 중요하다.
어려운 애들을 여행시키면
나중에 좋은 경험이 된다.

애들이 산만해서
이상하게 하고 다니다가 변화된다.

혼내지 말고 시간이 오래 걸려도
귀가 뚫어져 들릴 때까지 설득시켜야 한다.

귀엽게 큰 아이들이 어려움을 더 감당하지 못한다.
아이들이 귀엽게 클수록 노여움을 더 탄다.
차라리 어려서부터 구박 받은 애들은 괜찮다.
별거라고 키운 자식이 속 썩인다.

자식도 눈 독, 손 독 타면 안 된다.
우상이 된다.
자식이 우상 되면 잘못되는 것이다.
우상 되면 하나님께서 멀리 보내신다.
내놓은 자식이 잘 된다.

부모가 큰 나무라면
자식은 그 나무를 감는 넝쿨이다.
바난나무(banyan tree)는
작은 뿌리를 내려
본 나무를 감아서
큰 나무가 된다.

자식도 부모에게
큰 도움이 되는 자식이 있다.
같이 성장하여
웅장한 나무가 된다.

그런가 하면
큰 나무를 넝쿨로 감아
죽이는 경우도 있다.
부모에게 해가 되는 자식과 같다.

애들이 힘들게 하면
하나님께 맡겨라.
자녀들에게 엎어지지도 말고
심지를 굳게 해야 한다.

자녀들에게 짐을 주지 말아야 한다.
애를 우울증으로 키우면 안 된다.

아기가 믿음 좋으면
부모가 마음을 아주 많이 낮추어야 한다.

아기들이 말귀 알아듣기 시작하면서
몸이 굳어지기 시작한다.

자식을 미워하지 말아라.
불쌍히 여겨 달라고 기도해야
부모와 자식의
탯줄이 끊어지지 않는다.

애들이 잘못했을 때
사랑해 주며,
인정해 주고 말을 들어주면
정신병도 낫는다.

가정의 어려움

가정이 행복해야 하는데
자아가 강해서 문제가 생긴다.
집안에도 사탄의 역사가 있는데
하나하나 기도로 해결해 나가야 한다.

가정에서 기쁨을 뺏어 가는
마귀가 있으면 빨리 물리쳐야 한다.
가정이 좋아지려면 사탄이 더 어렵게 한다.
집안이 좋아지려면 짜증이 먼저 나온다.

짜증 부리면 소용없다.
짜증 부리면 보이지 않게 영양가가 빠진다.
한 번 싸움에 6개월 기도가 무너진다.
애기 같은 마음 없애고 영적으로 성장해야 한다.

자손들 앞에서 허점을 보이지 말아야 한다.
부모가 교만하면 자식이 고생한다.

아이가 안 좋으면 남편이 아내에게 화내고
아내는 아이를 괴롭히게 된다.

가족을 미워하는 것이 빠져야 병이 낫는다.
무관심하면 맘 편한 것 같지만
무관심이 제일 안 좋다.

요즘은 자식도 믿지 못한다.
기쁨을 빼앗아가는 것이 자식이다.
남을 핍박하면 자손은 더 안 좋아진다.

남에게 상처 주지 말아야 한다.
남에게 상처를 주면 몸이 아프고
자손이 잘 안 풀린다.
죄 지으니까 자녀 축복이 없어진다.
부모가 죄 지으면 자손은 더 짓는다.

외모에 지나치게 신경 쓰면
대를 넘어갈수록 자기 멋에 자기가 지친다.
오염도가 더 심해진다.

점점 더 감당하기 어렵다.

남편이 부인 모르게
시댁에 용돈을 드리면 안 된다.
거짓이 된다.
부부간에 속임수가 있으면 집안이 좀먹는다.

부모님에게 돈을 드릴 때는
부부가 합의해서 드려야
그 가정에 복이 온다.

가족이
질서 파괴, 인격 손상,
무게 없이 처신을 잘못할 때는
양보하지 말아야 한다.

사람은 갈 데가 있고
안 갈 데가 있으며
볼 것이 있고 안 볼 것이 있으며
할 말이 있고 안 할 말이 있다.

자식이 뜯어 가는 것과
부모가 주는 것은 다르다.
부모한테 기대하는 축복보다.
내 노력의 축복이 더 크다.

가정에서의 기도

늦게까지
나 아닌
다른 가족을 위해
매일 기도해야 한다.

◨ **자녀를 위해**

"하나님!
자녀들을 주셔서 감사합니다.
건강 주시고
나라에 꼭 필요한 사람이 되게 해 주세요.
악한 영들이 침투하지 못하게 막아 주세요.

하나님!
열납되는 기도를 제가 모르니 가르쳐 주세요.
자녀들이 가지 말아야 할 곳은 가지 않게 해 주세요.
우리 자녀들이 정직하게 살게 해 주세요.

바르게 살게 해 주세요.
체질에 맞게 살게 해 주세요.
예수 이름으로 기도드립니다. 아멘."

가정을 위해
기도하는 것이 무기이다.

가정이 시험에 들지 않게
기도해야 한다.
형제자매가 끝까지
사이좋게 지내도록 기도해야 한다.

뭐라 해도
참고 사는 것이 기도이다.
여자가 기도하면
집 밖에 나가기 싫어진다.

애들이 무모한 것은
막을 수 없으니 기도할 뿐이다.
애들을 위해 기도를 많이 해야 한다.

자식 문제는 엄마가 낮아져서
기도하는 것밖에 없다.

가족이 잘못하고 있을 때는
자존심 상하게 하지 말고
보이지 않게 기도로 막아야 한다.

인내심이 있어야 한다.
배우자가 괴롭히는 것을
막는 것은 기도밖에 없다.

▣ **남편이 잘못했을 때 하는 기도**

"남편을 묶고 있는 마귀는
예수 이름으로 무저갱으로 빠져라!"

제5장

노년 생활

건강

처신

늙음에 대하여

건강

나이 들면 옛날보다
더 나쁘지 않으면 좋은 것이다.
어른들은 주물러드리는 것이 얼마나
시원한지 모른다.

처신

늙으면 정말 정신을 바짝 차려야 한다.
나이 들수록 미혹에 빠지지 말아야 한다.
나이 들어서는 천박하지 마라.
인격이 깎인다.

인격을 존중하도록
자기가 자기를 잘 지켜야 한다.
나이 들면 처신을 잘해야 한다.

나이 들면 품위, 권위가 있어야 한다.
나이 많은 사람이 칠칠거리면 안 된다.
나이 들어도 남자는 배짱, 여자는 절개이다.
시들어지는 나이라도 거꾸러지지는 말아야 한다.

나이 들면 사람들이 어렵지 않게 보고,
인사를 안 해도 나이 든 사람이 비켜 주어야 한다.
지금은 살기 힘든 세상이므로

젊은 사람들이 마음의 여유가 없다.

자기 몸도 가누지 못하는 분들이
다른 사람을 돌본다면서
나랏돈을 공것으로 먹으면 안 된다.
나라가 잘 살아야 하지 않겠는가?

그래야 후손들이 잘 살게 된다.
노인도 감사를 잘 해야 한다.
집안이 편안하려면
나이 든 사람이 져주어야 한다.

"나는 애 낳고
3일 만에 방아 찧었네" 하고
시대를 잘 타고난
며느리에게 말하면 안 된다.

늙음에 대하여

늙었다고 무시하면 안 된다.
나이 들면 걱정밖에 할 것 없다.
노인들을 즐겁게 해드려야 한다.
나이 들면 애들에게 주기 위해 돈이 있어야 한다.

연세 드신 분들은 갖다 드려야 드신다.
연세 드신 분들에게
음식을 드릴 때는 알맞은 음식을 드려야 한다.

남자는 늙으면 얇은 유리 그릇과 같다.
나이를 먹으면 부부 사이에
기분 나쁜 말을 절대 하면 안 된다.

연세 들어 신앙생활 할 때,
개인 신앙을 잘 유지하려면
마음이 변해야 한다.

돌아가실 때는
사탄과의 싸움이 심하다.
찬양을 계속 들려 드리는 것이 좋다.
가족의 지속적인 기도가 중요하다.

제6장

일반적인 삶의 교훈, 지혜

나

말

나라

인생

세상, 시대

직업, 사업

분별

삶에서의 축복

문제점

나

"사랑하라! 생각하라! 나를 존경하라!"
나의 마음과 몸을
모두 소중히 여겨야 한다.

표현력이 중요하다.
환하게 웃고 살아야 한다.
마음은 좁아도
품을 수 있는 것은 얼마든지 나온다.

상대를 힘들게 하지 말고
할 만한 것은 내가 해야 한다.
사랑도 하다 보면 습관이 된다.

누구든 상대의 마음을
거슬리지 말고 편하게 해주어야 한다.
남은 안 듣는 데서도 칭찬해야 한다.
잘 될 때 잘해 주어야 한다.

어지간하면 항상 즐겁게 살자.
행복은 자기가 만들어야 한다.
당당하고 자신감 넘치는 것이 최고이다.
자신감과 품위가 중요하다.

너무 좋다고 흥분하거나
어렵다고 좌절해서도 안 된다.
근심, 걱정 탁! 차버려라!
지나간 것보다 앞으로가 중요하다.

많이 배워도 마음이 행복해야 한다.
보는 것이 공부다.
눈을 위로 떠라!
너무 신경 쓰지 말고 편안하게 살아야 한다.

자유함이 필요하다.
어떤 여건도 이길 수 있는 건
내가 참으면 되기 때문이다.
부정적인 말은 하지 말아야 한다.
진실은 사람을 사랑하는 것이다.

다른 사람을 이해해 주고,
말로 인정해 주고 풀어지게 설득하고,
가증스러워도 개의치 않고
자연스럽게 대해 주어야 한다.

젊어서 즐겨라!
그리고 남을 위해 살아라!
자기만 위해 살면 열매가 없다.
한 알의 밀의 희생이 있어야 한다.
좋은 일, 궂은 일은 내가 해야 한다.

인생은 각자이다.
자기 인생 자기가 산다.
자기 하나 잘 유지하는 것이
지혜이고 분별이다.

내 마음은
내가 변화시켜야 하고
죽음도 나의 일일 뿐이다.
인생의 목표가 중요하다.

호랑이가 물어가도
정신만 바짝 차리면 산다.
산만하면 안 된다.
포기할 것은 빨리 포기해야 한다.

내 마음이 항상 기뻐야 한다.
막다른 골목도 즐겁게 살면 된다.
명랑하고 즐겁게 살면
먹구름이 걷혀져 간다.

작은 것, 큰 것
다 툴툴 털어 버려라!
세상이 발달하니 더 어려워진다.
마음에 무장을 해야 한다.
자기 스스로를 찾자.

거짓이나 음란 등 나쁜 습관은
나무에 잘못된 뿌리 내리기 전에 뽑듯 뽑아야 한다.
잘라 버려야 한다.

정직이 최고이다.
성실, 정직하고
남의 것을 탐내지 말아야 한다.

답답하면 내게 문제가 있다.
자존심 세면 손해 난다.
고집 세면 어렵다.

실수하지 말아야 한다.
남을 흉봐선 안 된다.
남의 일이 내 일이다.

사람은 무시하지 말고
잘못된 말을 할 경우
그 말은 무시하라.
팥을 콩이라 해도 그 말대로 해줘라.

내가 보기에는 고물 같아도
상대방에게는
보물일 수 있다.

옷은 품위 있게 입되 화려하지 않게 입자
기분 좋게 살아라.
목숨만은
하나님 것이니 어쩔 수 없지만
기분은 좋게 살아야 한다.

결론은
언제나 즐겁게 살아라.
인생은 짧기 때문에
멋지게 살아라.

멋지게 살려면
내가 죽으라고 희생하면 된다.
배우자를 즐겁게,
편하게 해줘라.

화목하면
노력할 것도 없이 명랑해진다.
질투, 시기가 없어야
행복하다.

남 잘 사는 것 질투하면
자기가 못산다.
나하고 상관없는 것에는
마음을 비워야 한다.

나와 상관없는
남의 것은
쳐다보지도 말아라.
내 마음을 살펴봐야 한다.

내가 내 마음을 달래야 한다.
마음이 갈리지 않도록
내가 내 마음을
바로잡아 주어야 한다.

한 번 마음먹은 것은
변하지 말고
그대로 밀고 나가야 한다.
요동치면 안 된다.

마음을 가다듬고
품위를 지켜야 한다.
주관이 뚜렷해야 한다.
허점 없이 행동해야 한다.

사랑,
인내, 희생하며
욕심이 없어야 하고
마음을 비워야 한다.

지금, 현재에
욕심 부리지 말고
예전에 어려웠던 것을 생각해야 한다.

지금부터라도
활짝 펴고 살자.
젊어져야 한다.
몸 관리를 잘 해야 한다.

깨달음이 중요하다.
교만은 절대 안 된다.
교만을 빼라.
좋을 때 겸손해야 한다.

불평 불만하는 사람과 만나면
나도 모르게 따라 하게 된다.
남 잘못하는 것을 보며 내 마음을 고쳐야 한다.
다른 사람이 철없는 것을 보고 내가 고쳐야 한다.

판단이 뚜렷할 때,
어디다 생각을 두느냐가 중요하다.
이용당하는 것은
자기에게 문제가 있다.

좌로나 우로나
치우치지 말고
흔들리지 말아야 한다.
좋을 때도 절제해야 한다.

마음가짐, 말, 기도,
행동을 배워야 한다.
말, 행동에서
실수 없고 지혜로워야 한다.

비밀은 만들지도 말자.
기면 기고 아니면 아니고
아쌀하게 살아라.

자아가 완전히 죽어져야 한다.
인생 사는 것 힘드니
어지간하면 감사하고 살아라.

나보다 못한 데 대고
감사해야 한다.
높은 데 비교하면
평생 불행해진다.

돈 쌓은 것보다.
마음 편한 것이 더 좋다.

돈보다는
사랑이 먼저 돼야 행복하다.

남의 물건을
내 물건보다 더 아껴야 한다.
내 것도 잘 챙기고 살아라.
인색한 마음 없어야 한다.

상대방 마음을
거스르지 말아야 한다.
덕을 세워야 하고 참아야 한다.
인내심을 키워야 한다.

정신 바짝 차리고
악착같이 살아야 한다.
화낼 일 있어도 화내지 말자.

자기만 위해 살지 말고
남을 위해 살아야 한다.
자기만 위해 사는 것은 보람이 없다.

남의 허물은 덮어 줘야 한다.

남을 미워하지 말고 정직해야 한다.
남을 먼저 챙겨야 한다.
내 자식 챙기는 것은 누구나 할 수 있는 일이다.

한 사람이 무시당하면,
또는 다른 사람을 무시하면
자기가 어떤 일을 당할지 모른다.

시간을 아껴야 한다.
어떤 역경도 이길 수 있다.
발전성 있는 다음 단계로 나아가야 한다.
발전성 있는 것을 발견해야 한다.

행복은 자기가 만들며 살아야 한다.
어떤 어려움도 이겨 낼 수 있는 힘이 행복이다.
상처를 이길 수 있는 힘이 있어야 한다.
위로해 주고 힘을 주어야 하는데
상처는 주지 말아야 한다.

솔직해야 기쁨이 온다.
기쁨에 인간의 가치가 있다.
긴장하면 기쁨이 활짝 필 수가 없다.
기쁨을 느끼려면 희생해야 한다.

착하게 살려면
희생이 들어가야 하고
숨은 봉사를 해야 한다.

어렵지 않은 사람 어디 있나?
희생도 없이 인생을 사느냐?
시련 없이는
복을 받을 수 없다.

누구나 어려움은 있으나 자기 인생 있으니
슬픔도 극복해야 하며
우거지상 하지 말고
인생 즐겁게 살아야 한다.

옛날부터 속 썩은 것
다 풀고 나야
즐겁게 살 수 있다.
일을 하되 즐겁게 해야 한다.
정직하게 살아야 뒤끝이 좋다.
거짓 없이
깨끗하게 살아야 한다.

마음을
다스린다는 것은
마음이
깨끗하다는 것이다.

생각이 중요하다.
생각을 바꿔야 한다.
잘못된 것은 빨리 돌이켜야 한다.

나 자신을 고쳐야 한다.
남의 것을 탐내는 마음 있으면
빨리 고쳐야 한다.

못된 마음에서
못된 생각,
못된 행동이 나온다.
잔머리 굴리지 말아야 한다.

나쁜 습관 없애고
구별된 생활을 해야 한다.
자기 습관 중
나쁜 버릇을 버려야 한다.

사람은 요동치게 되어 있다.
자기를 내세우지 말아야 한다.
두 마음 가지면 안 된다.
불평 불만하지 말아야 한다.

다른 사람의
인격을 존중하라.
다른 사람의 본이 되고
모범이 되어야 한다.

인생은 낙엽 하나가
강물에 떠내려가는 것이다.
인생은
마무리가 중요하다.

흥분할 일 없다.
조급해하지 마라.
우선순위를 잘 정해야 한다.
사랑 먹고 사는 것이 중요하다.

산책을 하거나
좋은 것을 보고 느끼는 것이 중요하다.
바다나 자연 보는 것이 중요하지
안 좋은 사람 만나면
저 모습이 내 모습이라 생각하고 초라해진다.

어떤 사람을 만나느냐가
아주 중요하다.
술 취한 사람에게도
인정을 받아야 한다.

자기가 어려워 봐야
남을 돌보는 마음이 온다.
베풀 때에 기쁨이 온다.

남의 것을 가지고
베푸는 것은 소용없다.
지는 것이 이기는 것이다.

흙, 땅, 사람과
싸우지 말고 감사해라
땅 파며 화내지 말고
신세 한탄도 하면 안 된다.

왜냐하면
자연은 아름다운
하나님의 작품이므로
감사와 기쁨으로 바라봐야 한다.

온실의 풀 같으면 안 되고
순할 것이 아니라

강해지고 당당해야 한다.
초년 고생하면 강해진다.

정신 문제일 때는 훈련이 아니라
자기 개발이 필요하다.
대가를 바라면 미움이 온다.
사람을 조금이라도 미워하면 안 된다.

미워하면 자기 손해다.
우리는 서로 사랑해야 한다.
바르게 살려면
먼저 생각을 바르게 해야 하고
다음, 마음이 발라야 하고
행동을 바르게 하려면
인내심과 희생이 따라야 한다.

안전한 곳 없으니
단단하게 서는 훈련이 필요하다.
정신 바짝 차리고 살아야 한다.
이용당하지 말아야 한다.

있는 척, 없는 척
다 하면 안 된다.
있는 척하면 시기하고
없는 척하면 무시한다.

누구를 안다고 하는
얘기도 말아야 한다.
어렵지 않게 보고
존경심도 안 나온다.

자기는 다 잘하는 줄 알지만
여기저기 빈틈이 많다.
진리를 떠난 비밀은
부정이다.

받기 바라면 안 된다.
마음을 비워야 한다.
욕심 부리면 사기 당한다.
하루에도 몇 번씩 마음을 깨끗하게 가다듬어라.

수줍어하거나

남의 말에 신경 쓰지 말아라.

당당하게 살아라.

앞길을 헤쳐 나가야 하는 것이 인생이다.

말

사람의 말 한 마디가
참 중요하다.
말이 곧 인격이다.
말 한 마디에 덕을 세운다.

말로 복을 받고
말로 복을 잃는다.
책임지지 못할 말은
하지 말아야 한다.

말 한 마디에
인생이 망가지기도 한다.
말 한 마디가
평생 상처로 남기도 한다.

말 한마디에 걸리면
한 발짝 멈춰서 생각해 봐야 한다.

한 마디에 걸려들어
분별이 나온다.

진실이 있으면 걸리지 않는다.
하면 다 말인가?
할 말이 있고 안 할 말이 있다.

말은 솔직하게,
있는 그대로
주눅 들지 말고
예쁘게, 편안하게 하자.

핍박하는 말
하지 말고
영양가 있는 말,
좋게 해 주는 말만 해라.

예를 들면
"가져와!"
하지 말고

"내가 가져올게. 가만히 있어."

절대로 거짓말하지 마라.
거짓말하면 앞길이 막힌다.
거짓말하면 일이 더 막힌다.
있는 그대로 해야 한다.

거짓말도 하얀 거짓말이 있다.
나라나 개인에게 해를 끼치지 않고
만족을 주고 기분 좋게 하는 거짓말이다.

안 좋은 말은
전해주지 말아야 한다.
안 좋은 말은 거들지도 말자.
나하고 상관없다고 생각해라.

순하고
인격적인 말을 해야 한다.
(도우미, 미화원, 세신사 등)

비인격적이고
무시하는 말은 하지 말아야 한다.
무시하는 말은
나를 나타낸다.

속담을 잘못 사용하면
말하는 사람의 수준이 깎인다.
의미를
알고 써야 한다.

간단히
있는 얘기만 해라
남이 그렇다면
그런 줄도 알아야 한다.

"지겨워! 미치겠네"라는 말은
절대 해선 안 된다.
부정적인 말은 하지 말고
긍정적인 말을 해야 한다.

말이 무섭다.
쓴물과 단물이 같이 나올 수 없다.
잘못된 정보를 소곤소곤 전해줘서
손해 보게 만든다.

남의 말 하면
손해 본다.
말을 줄이고
하기 전에 생각, 또 생각해야 한다.

나라

나라도
지혜로운 사람이
많이 생겨야
나라 이름을 낸다.

세계화 시대라
이름을 날려야 한다.
특히 유명 기업은
나라를 알린다.

큰 강,
지류가 막힌 똘강,
아주 작은 똘강이라도
나중에는 본 강으로 이어지는,
한 마을을 덮는 큰 강이 된다.

산이 무너져
강이 되는 파워!
세계로 뻗어 나가는
시온의 대로가 된다.

세계적으로
무시당하지 말아야 한다.
우리나라가
정신 바짝 차려야 할 때다.

나라가 의논하느라
왕장왕장하고
시간 낭비하면 안 된다.
싸움할 때가 아니다.

좌우가 문제가 아니라
전부 가진 것처럼
들떠 있는 것이
문제다.

경제가 문제 되는 것이 아니고
마음이 문제다.
거짓된 가운데
경제가 잘 돌아가면 거둘 것이 없다.

공금을 얻어 쓰려는 사람은 안 된다.
3만 원 공금 쓰면
300만 원 손해 난다.
나라도 있는 돈 아껴야 한다.

정직해야 한다.
진실한 가운데 잘 되려면
우리가 바르게 변화되어야 하고
그래야 자손들도 잘 된다.

각자 자기 맡은 바 최선을 다해야
나라가 잘 된다.
우리나라는 머리로 산다.
국민 각자가 발전성 있는 것을 발견해야 한다.

마음을 정리하고
합심해야 한다.
서로 하나 되어, 한 지체가 되어
앞으로 나가자.

기도하는 사람이 아무리 유명해도
기도 받으러 오는 사람이 없으면
소용없듯이
나라도 마찬가지다.

나보다 나라가 바로 서야 잘 산다.
종교만이 절대적이기 때문에
해결할 수 있다.
나라에 죽도록 충성하자.

인생

살다 보면
비바람 치고 홍수, 가시밭길이 나온다.
그 속에서도 믿는 우리는
빛과 소금의 역할을 해야 한다.

잘 될 때
잘 해줘야 한다.
사람을
무시하지 마라.

큰 강도 무시 못하지만
작은 강도 무시하지 못한다.
작은 강도 둑이 무너지면
큰 강이 될 수 있다.

사람이 미약해 보여도
무시하면 안 된다.

사람을 무시한다는 것은
있을 수 없다.

자기보다 나을 것 없는
사람을 무시하면
당장은 이윤이 남는 것 같으나
끝에 가면 열매가 없다.

인생은 실패에서 성공이 온다.
실패도 해야 성공도 오고
감사도 하게 된다.

크게 잘된 사람도
실패를 통해 갈고 닦아
정신 바짝 차려
성공하게 된 것이다.

인생에는 때가 있다.
눈도 사랑의 눈이 있고
아닌 눈이 있다.

한 달이 크면 한 달은 작다.
인생이 그렇다.
살아가며 진리를 알게 된다.

사람을 이용하는 것은
도둑질보다 나쁘다.
떼어 먹는 사람보다.
당하는 사람은 바로 복구된다.

저 사람에게서
뭔가를 빼앗아 오려는 마음은
실속 없고 불행만 온다.
머리 좋으면 힘들다.

마음이 편해야 하는 일이 잘 풀린다.
잘 될 때 겸손해야 한다.
자기를 내세우지 말아야 기쁨이 온다.
순종이 제사보다 나으니 "네! 네!" 해야 한다.

이 세상은 영이 아니라
육신이 살고 있으니
휩쓸리지 말고 중심을 잡아라.

사람 사는 것은 다 마찬가지다.
받을 것 다 받지 말고 봉사해라.

어디 가자고 하는 것도
잘 생각해 봐야 한다.
혹시 무슨 일이라도 생기면
책임질 수 있나?

어떤 친구를
만나느냐가 중요하다.
친구로 인해
손해 보는 경우가 많다.

친구는 하나님 아니니
모든 것
다 털어놓지 말아라.

있는 사람, 없는 사람,
배운 사람, 못 배운 사람 모두
태어나서부터 심술과 악을 다 갖고 있다.
정도의 차이가 있을 뿐이다.

젊어서 찌들어야 나이 들어서 편해진다.
젊어 고생한 사람은
악착같이 살아 나중에 잘 산다.
사람 일은 모른다.

세상에 공짜는 없다.
좀 노력만 하면 먹고 살 수 있다.

좋은 사람과만 만나면
인생을 모른다.
안 좋은 사람을 보면서
배우는 것이 더 많다.

더 힘든 사람 만나도 된다.
작은 것도 크게,

큰 것도 작게
생각하는 사람이 있다.

사람은 연약하니
계속해서 가다듬어야 한다.
틀 잡았을 때
가다듬어야 한다.

예전에 잘못됐다가
나아진 것은
되살리면 안 된다.
(예를 들면 정신병 들었던 일 등)

옛날 고생은 말하지 말고
지금 감사해야 한다.
감사가 밑바탕에 깔려 있어야 하고
마음이 고지식해야 잘 살게 된다.

마음을 곱게 가져야 일이 잘 풀린다.
좋은 정보를 알게 됨으로

한탄이 소망으로 변한다.
본성은 따로 있다.

개인 손해,
나라 손해 아니면 놔 두고
인격 떨어지는 것만은
끝까지 막아야 한다.

인격적으로 살아야 한다.
사랑이 있어야 싸움도 한다.
사랑은 사랑 하나로 끊어지는데
미움은 꼬리를 엮어 꼬리를 문다.

인생 살아가면서
욕심은 한도 끝도 없다.

강물은 비가 와서 모여도 흘러가기 때문에
채워도, 채워도 채워지지 않는다.
강물과 사람의 욕심이 같다.
더 갖고 싶고, 더 갖고 싶다.

탐심만 있어도
도둑질한 것과 같다.
남의 것을 뜯어 가려는
마음은 좋지 않다.

누구나 근심, 걱정은 피할 수 없다.
누구 줄에 서느냐가 중요하다.
유산을 받았으면 잘 활용해야 하고
아니면 주어진 것도 뺏긴다.

교만하면 망한다.
겸비한 마음을 가져야 한다.
게으르고 모자라도
자기 할 몫이 있다.

개미허리 되는 것이
중요한 것 아니라
인내심이 중요하다.
고지식해도 어렵다.

누군가 희생이 있어야 열매가 있다.
한 사람이 희생하면
좋은 열매가 많이 열린다.
처음엔 죽어져야 한다.

보통은 우아하게
자기 약점을 숨기고 산다.
어려운 시련을 통해서
좋은 인생길이 열린다.

좋은 집에 살려면
희생과 수고가 따른다.
있어도 하나도
누리지 못하는 사람이 있다.

내 생각에는 아니어도
인정해 줘라.
그러나 따라 가자고 하면
분별해서 따라 가지 마라.

빨려 들어가지 마라.
모든
인간관계에
적용될 수 있다.

마음이 낮아야 하고
상대방에 대한
배려가 있어야
분별이 나온다.

지혜는
남의 인격을 존중하는 데서 나온다.
선과 악은
절대적으로 갈라진다.

사람은 작품이다.
사람은 미래도 생각하고
깊이 들어가므로 귀하게 대해야 한다.
사람이 나쁜 게 아니라 성격 차이다.

사람은
어디 가든지
튀지 말아야 한다.
사람이라면
겸손해야 한다.

이름 있는 사람은
조심해야 하는데
겸손하기만
하면 된다.

개구리로
태어난 사람에겐
올챙이 얘기를
할 수 없다.

막 나가는 사람이 많다.
처신을 잘못하면
천박해진다.

잘못된 길에 빠지지 말고
함께 어울리되,
존경 받는 생활을 해라.
'지는 자가 이기는 자' 라는 것은 진리다.

조급해하지 말고
인내심을 키워라.
핍박하면 안 된다.
남 핍박하지 마라.

몸도,
마음도, 정신도
함께 움직여야
지혜가 온다.

씨는 별것 아니나
싹이 나오면 정말 예쁘다.
시골 둑 새싹도
다 이름이 있다.

때를 놓치면
열매 없다.
큰 나무 밑에서는
작은 나무가 잘 자랄 수 없다.

과잉 친절은
사랑에서 온다.
착해지려면
희생이 들어가야 한다.

누군가를 위해
희생하는 것이 보람 있는 인생이다.
지금은 힘들어도
지나고 나면 추억이다.

애착심은
사람과의 대화 같다.
없으면 무관심이다.

좋게 사는 것은
편안하게 사는 것이다.
속지 않는 생활을 해야 한다.
망신 한 번 당하면 한 번 꺾인다.
한 번 실패하면 오히려 당당하다.

순간적으로 화내는 것은
습관이 된다.
이 때 참는 것이
절제이고 훈련이다.

욕심은 비교에서 싹트는데
감사가 있어야 행복의 기초가 된다.
욕심 있으면 안 된다.
욕심에서 손해 난다.

내일 호랑이에게 물려가
죽는다는 걸 알면
마음으로 미리 죽는데
모르면 하루를 편히 살 수 있다.

▣ 문상할 때

먼저 꽃을 바친다.
뒤로 와서 기도 하고
영정 한 번 보고 깊이 절한다.
다시 한 번 보고 상주에게 절한다.

돌아가시기 전에는
좋은 말만 해야 한다.
말을 조심해야 한다.

세상, 시대

고속도로도 모자라
외곽도로 만들어 다니는 시대다.
정신 상태도 시대에 따라
자꾸 변해야 한다.

험한 세상은 자유 세상이다.
지금은 말세이고 자유 세상이 되었다.
뱁새는 뱁새대로
즐기고 사는 세상이다.

막 섞여져 있는 가운데
마치 구석구석 바람이 통하듯
뭐가 옳은지 뭐가 그른지
알아내는 세상이다.

땅속까지
하나님의 빛이 들어가

바닥의 개미까지
다 드러나는 세상이다.

어두움으로 드러나면
빛에 의해
물러가고
환하고 투명한 세상이 된다.

좋은 친구도 있지만
친구가 필요 없는 시대가 됐다.
부담 간다며 인간 교류가 없어져
좋은 친구가 없어진다.

잘나가는 사람을
시기, 질투로 찔러 준다.
남 잘 사는 것 질투하면
자기가 못산다.

속이 빈 사람이 치장한다.
물건도 가짜가 있고 진짜가 있듯이

사람도 그러하다.
가짜가 진짜보고 가짜라 한다.

지식인의 입이
플라스틱 칼이면
농사꾼의 입은
날카로운 칼이다.

이웃 간 정이
시골에서도 없어졌다.
젊은 세대를 잘 기르는 것이
재산이다.

직업, 사업

정신 바짝 차리고
사업해야 한다.
자기가 잘 한다고
교만하면 안 된다.

사업에 대해 연구하고
변화를 주어야 한다.
주인보다 앞서서 변화되어야
사업도 번성하고 직원도 좋다.

주인에게 순종해야 하고
있는 그대로 말해야 한다.
뛰는 만큼 대우해주는
고용주가 드물지만 있다.

직원이 큰 잘못하는 것보다
10원 잘못 쓰는 것이 더 문제다.

사람을 잘 만나서 잘 키우는 사람이
사업을 잘 할 수 있다.

진실 속에 연결되어야
길게 보면 성공하게 된다.
사업가는 외롭고 어렵지만
보람도 있다.

타고난 사업가는
사람 보는 눈을 갖고
다루는 법을 안다.
사람을 어디에 넣는가?

인재를 경영하는
경영 수업을 받아야 한다.
사람을 잘 다루면
사업이 어렵지 않다.

어려워도
더 큰 보람이 온다.

사업은 시간을 잘 지켜야 성공한다.

스트레스 받지 않는 직장은 없다.
아무 것도 모르면서 높은 자리에 있으면
기죽고 걱정되고, 자존심 상해
자유가 없다.

학벌은 중요하지 않다.
직장 살리려고 최선을 다해야 한다.
더뎌도 열심히 하려는
사람을 키워 줘야 한다.

직장에서 찌들어도
가정에서 사랑 받으면 된다.
직장에서는 성공해도
위로 올라갈수록 어렵다.

회사는 자기
마음에 맞는 회사가
자기 회사다.

회사 일은 자꾸 개발해야 한다.

지금까지 해 온 것보다.
앞으로
할 수 있는 것이
훨씬 더 많다.

은행은 사명을 갖고
봉사하는 곳이고
사람들이
자식보다 믿는 곳이 은행이다.

기술도
사랑과 희생이 필요하다.
농사도 열심히 연구하고
때를 놓치지 않도록 노력해야 한다.

사막에 물을 대서
식물을 심으면
수증기가 생겨 녹화된다.

글은 정신이 맑고
기분이 좋을 때 잘 나온다.
힘들었다가 마음이 밝아지면
회복되는 글이 나온다.
마음이 어두우면 그림도 어둡다.

학문도 일생 해봐야
극히 일부밖에
연구하지 못하고 간다.

분별

진실도 거짓도
한계가 있으므로
다 드러내서
분별이 오게 해야 한다.

할 말이 있고
안 할 말이 있고
갈 곳이 있고
가지 말아야 할 곳이 있다.

분별하지 못하면
튀지나 말아야 한다.
욕하고 싸우는 것은
분별이 없어서 그렇다.

몸 관리 잘 해야 한다.
괴롭다고

술 마시고 담배 피우지 말고
괴로운 대로 참아야 한다.

술 취하지 말고
담배 피우지 말고
건강 관리를 잘 해야 한다.

지혜가 없으면
자기가 술 마시고
담배 피우고, 잘못해서
건강을 해친다.

삶에서의 축복

성실하게 살고
베풀면 축복 받는다.
양심이 반듯해야
복 받는다.

마음이 맑아지고 깨끗해지면
복이 절로 온다.
복을 받으려면
최선을 다해 살아야 한다.

복을 받으려면
첫째, 심술이 없어야 하고
둘째, 복 받을 일을 해야 한다.
심술 있으면 복을 받을 수 없다.

질투, 시기 꽉 차면 무슨 복을 받겠는가?
수단, 방법을 쓰면 복이 안 온다.

남을 핍박하지 말아야 축복이 온다.
주인에게 잘 해야 복 받는다.

자손을
사랑으로 키워야 하는데
감정으로 누르면
복을 못 받는다.

물질 축복을 받으려면
마음이 넓어야 하고 활달해야 되고
자기를 내세우거나
오종종하지 말아야 한다.

문제점

진리는 가까운 데 있는데
고집 부리는 것이 문제다.
내세우는 것을
좋아하는 사람이 문제다.

잘난 척, 있는 척하면
목숨이 위험하다.
사람은 뒤끝이 좋아야 하는데
가증스럽게 행복한 척하면 안 좋다.

거짓이 거짓을 낳게 된다.
불만은 불안을 가져다준다.
이기적이고 남에게 손해를 끼치면
축복권이 없다.

"다음에 돈 많이 벌 때 당신 줄게"
하는 남자는 욕심 많은 사람이다.

항상 돈이 많이 들어오기를
바라기 때문이다.

손을 잘못 쓰면 도둑의 손이요,
때리면 폭력의 손이다.
절대 손찌검은 안 된다.
봉사하면 봉사의 손이 된다.

제7장

몸, 건강, 병에 대하여

건강

몸

병

우울증

정신병

치유하는 기도

건강

육신이 건강해야 영혼도 건강하다.
자세가 좋아야 건강하다.
자기의 나쁜 습관을 버려야 건강하다.
잘못된 것을 뿌리 뽑아야 한다.

성질부터 고쳐야 한다.
사랑 있고 마음이 깨끗하면 있던 병도 나간다.
몸은 유리와 같고 쇠가 아니기 때문에
관리를 잘 해야 한다.

마음이 느싯해가지고 양보하면
다른 병까지 절로 낫는다.
마음을 비워야 한다.
기쁘게, 감사하며 살면 병이 안 온다.

즐겁게 살아야 병이 안 온다.
즐거우면 아프지 않다.

병 오지 않게 하려면
욕심 부리지 말고 주어진 것에 감사해야 한다.

남을 미워하지 말고, 비교하지 말고
욕심이 없어야 병이 없다.
복음으로, 믿음으로 살며
비교, 욕심, 혈기, 분통, 미움 없으면 병 없다.

어느 특정 부분에
너무 많은 영양이 몰려서 죽어가고
나머지는 영양이 가지 않아
말라 죽어가게 된다.

대개는 육신이 편하거나
머리 좋은 사람들이
병이 많이 든다.

아프면 기쁨이 사라진다.
내 몸은 내가 위해야 한다.
무리한 운동보다 마사지가 낫다.

사람은 기분에 따라 온몸이 모두 움직인다.
마치 바람이 흔들면
나무가 전부 흔들리는 것같이
사람도 마찬가지다.

기분이 좋으면
더 흔들려 피 돌기가 잘 되어
온몸이 잘 움직인다.

기분이 나쁘면 순환이 안 되고
하나도 흔들리지 않아 제일 먼저
위가 나빠지며 머리가 아프고 눈이 어지러워진다.

몸

미워하고 신경질 부린 살은
잘 빠지지도 않는다.
속상한 일 있으면
인상이 구겨진다.

지혜가 차면
머리가 무거워진다.
발끝은
머리와 연결되어 있다.

손 끝을 세워 자극을 주는 것이 좋다.
무릎까지 뜨거운 물에 담가 주면
반신욕 되어 순환이 좋아진다.

면봉으로 머릿속을
계속 긁으면 순환이 잘 된다.

몸이 밀가루 반죽이라면
칼국수처럼 굵게 또는 가늘게,
아래 방향으로 자근자근 손가락을 세워
세로로 긁어내린다.
순환이 잘 되게 하는 방법이다.

병

모든 병이 마음에서 난다.
마음 여려서 신경 쓰다가 병이 온다.
마음을 주면 병난다.
몸의 병보다 마음의 병이 더 무섭다.

마음의 병은 보이지 않아서
꾀병같이 느껴진다.
남에게 상처 주고 미워하는 마음에서 병이 온다.
속상하고 두근두근할 때 병이 온다.

속은 상할 때마다.
철판으로 다져 놓는 것 같다.
자기 몸을 자기가 묶으면 병든다.
분통, 상처, 두근두근할 때 병이 된다.

열 받는 사람이 병든다.
죄를 지으면 양심에 꺼려 신경 쓰다가 병이 된다.

욕심 가지면 병 온다.
욕심 있으면 조이고 기분 나쁘면 심장이 굳어진다.

놀라는 것이 두근두근하다 보면 몸이 굳어진다.
몸이 굳어지면 정신이 바로 서지 못한다.
힘줄 하나가 살아서 팔딱팔딱하면
몸이 안 좋다.

배우자에게서 상처를 많이 받고
분통 터지는 일이 많아 숨찬 것이 병이 되기도 한다.
부인이 병들면 남편이 손해다.
보호자가 더 병든다.

옛날 생각하면
불평, 불만 나오고 병이 온다.
여자들은 신경 쓴 것을
유방, 위 등에 쌓는다.

인대 늘어난 것, 뼈 다친 것은
시간이 가야 낫는다.

질투, 시기는 큰 병이다.
아닌 척하고 살면 큰 병든다.

"병마"

이런 말은 영적으로
아는 자만이 쓸 수 있는데
이 말 속에는 영적 비밀이 숨어 있기 때문이다.
병마가 나가려면 마음이 요동친다.

병마를 물리치려면
몸부림치고 기도해야 하는데
몸이 더 피곤할 수도 있다.
기도를 거세게 하면 병마도 나간다.

'죽으면 죽으리라'
믿으면 병도 고쳐진다.
이것이 결단이다.

혈액 순환 안 되면
당뇨병이 온다.
손, 발에 계속 자극을 주면
관절염이나 당뇨병이 없어진다.

심장병을 예방하려면
사랑으로 참고
가정이 행복해야 한다.
심장병은 분통 터지는 데서 온다.

신경을 쓰면 중풍이 오는데
기타 줄처럼 어떤 것은 늘어지고
어떤 것은 댕기고 한 것을 쪼아서
똑같이 잡아주면 고르게 돼 낫게 된다.

울 때는 저쪽 벽을 보고,
웃을 때는 이쪽 사람을 보고 웃어라.
울기도 하고 웃기도 해야
중풍이 풀어진다.

아내가 지혜로워야 남편이 건강하다.
남자는 사랑을 먹고 살므로
아내가 무조건 사랑을 먹게 해 줘야
병들지 않는다.

사랑은 암도 녹인다.
암 걸렸더라도
잘 잡수시고
마음 편하게 사시면 이겨나가게 된다.
원래 몸이 나온다.

우울증

우울증이라고 자기를 묶지 마라.
자기가 자기 몸을 묶으면
신세 한탄을 하고
우울증이 오게 된다.

우울증은 공연히 자기가 만들어서
오는 것이다.
사랑 받다가 조금만 상처 받으면 우울증이 온다.
잠 잘 자면 우울증 아니다.

낮은 데 비교하고 감사하다 보면
우울증 안 걸린다.
주어진 일을 즐겁게 하면
우울증은 안 온다.

우울증은 섭섭할 때, 불평 불만할 때
조용히 혼자 있을 때 온다.

살다가 섭섭한 것이 하나 내 맘속에 은근히 들어와
맘속에서 되새기며 자라고
또 다른 데서 스며들어와 자라나,
상처가 커져 우울증이 된다.

사람 만나기 싫어진다.
설득을 아무리 하여도
마음의 두려움과 죽고 싶은 마음을 없애는 것은
자기 몫이다.

죽고 싶다는 사람을
애들하고 살아야 한다고
계속 설득해
잘 사는 사람이 많다.

회개해야 치매가 안 온다.
숨기면 안 된다.
내성적이고 얌전한 사람이
치매 오기 쉽다.

정신병

정신병은 신경 쓰다가
잠을 못 자면서 시작된다.
잠 못 자면 공상이 많아지고 확대하고
그러다 정신병이 온다.

마음 착한 사람이 정신병 오기 쉽다.
집단 괴롭힘이
문제가 된 정신병이 많다.

정신병은
생각이 다르고, 욕이 나오고
눈에 이상한 것이 보이고
나쁜 소리가 들린다.

정신이 빠지면 헛소리가 들린다.
의심병, 정신병, 우울증 다 쉽지 않다.
정신병자는

'주여! 하나님!' 이란 단어를 말하지 못한다.

예수 이름으로 쫓는 기도를
계속해 좋아지니 스스로 풀어낸다.
하나님 앞에서 솔직하면
정신병은 금방 고쳐진다.

예를 들면
"귓속에서 소근소근하는 귀신아!
예수 이름으로 나가라!

"나 아무개를 괴롭히는 마귀야!
예수 이름으로 물러가라!
하나님! 맑은 정신 주세요."

욕하고 귀에서 들리고 눈에서 보이는 마귀를
이런 기도를 계속해서 물리쳐야 한다.
실컷 퍼부어대다 끝나면
새사람이 쏙 빠져 나온다.

정신적으로 안 좋았던 사람에게
옛날 것을 기억하지 못하게
그 때 일을 얘기하지 말아라.
가시 뺀 곳에는 상처가 남기 때문이다.

정신이 돌았어도 사랑해 주고
머리를 기도로 풀어 주면 제정신이 온다.
정신병도 인정해 주고
말 들어 주고 사랑해 주면 낫는다.

사랑에선
모든 것 끊어지나
미움은
고리가 연결된다.

치유하는 기도

영이 통하면 한 번에 병이 낫는다.
기도하는 사람과 받는 사람이
영이 맞으면 같이 땀이 확 난다.

마른 바닥에서 샘물이 솟아나듯
갑자기 땀이 솟는다.
기도 받아 굳은 것이 풀어지면
옷이 다 젖기도 한다.

몸을 묶고 있던 나쁜 영이
떨고 나가기도 한다.
굳어진 머리를 손을 대서 풀어 주면
생각이 바르게 된다.

기분 나쁘지 않으면
작은 혈관까지 잘 통하여 기도가 잘 된다.
병이 나으려면

하나님과 기도해 주는 사람, 본인이
삼위일체가 돼야 한다.

몸을 손으로 자극을 주며
주물러 주면 순환이 잘 된다.
몸이 정상이 되면
날카롭게 아픈 것을 느끼게 된다.

성령의 불로 지지는 역사이다.
수술한 분의 죽은 신경이 살아나는 역사가 있다.

불안을 막는 방법은 상처를 여며 주며
사랑을 풍성히 주면 된다.
정신이 안 좋으면
"하나님! 맑은 정신 주세요" 기도해야 한다.

눈을 마주치지 말고,
무섭게 하지 말고, 자연스럽게 보면서
속으로
"○○○ 속에 있는 귀신아! 예수 이름으로 나가라!"

하고 기도해라.

마음이 기뻐야 병이 빨리 낫는다.
심령이 변화되어야 병이 낫는다.
기분 좋으면 몸이 확 풀어지고
병을 놓게 된다.

제8장

경제 생활

물질

물질 축복

경제에 대한 생각

물질

돈은 생명이다.
지혜가 많아야 돈도 번다.
뭐 하나 사고 싶은 것이 있으면
그 돈을 얼른 은행에 가서 저금해라.

돈이 있어야 사람 노릇 한다.
돈이 있어도 멋지게 써야 한다.
돈은 어떻게 쓰느냐가 중요하다.
돈도 써봐야 쓸 줄 알게 된다.

어렵게 벌어서 멋지게 써라
기분이 좋아야 돈도 쓴다.
돈 문제는 네 것, 내 것을
분명히 갈라야 한다.

남편에게 돈이 힘이니
갖고 다니라고 말하는

아내도 있다.

돈에는 노력이 들어간 돈, 불행한 돈,
흐지부지 없어지는 돈,
깨끗한 돈, 깨끗하지 못한 돈,
하나님이 기뻐하시지 않는 돈도 있다.
돈도 잘 분류해야 한다.

노력한 돈이 열매 있다.
하나님이 쓰시면 열매 있는 돈이 된다.
돈으로 씨를 심어야 한다.
씨가 잘 자라서 열매가 잘 맺나 두고 보자.

하나님께 받은 돈은 보람 있게 써야 하는데
어디에 마음을 두느냐가 중요하다.

보물 있는 데 도둑 있다.
물질도 관리를 잘 해야 한다.
수고가 없으면 거둘 것도 없다.

부지런히 일하면 일하는 시간이 돈이 된다.
가정에서도 여자가 일을 열심히 해야 살림이 는다.
보이지 않아도 번성해 나간다.

주는 자가 복이 있다.
있으면 나눠 줘야 한다.
물질로 심으면 물질로 축복 받는다.

하나님 뜻대로 살면 궁하지 않다.
돈 움켜쥐는 것보다
사랑 먹고 사는 것이 더 좋다.

돈은 풀어야 한다는 것을 깨달아야 한다.
돈은 써봐야 베풀 줄도 안다.
밥 사주는 사람은 폭 넓어지고
대접 받는 사람은 기분 좋다.

어떤 분은 친척, 친구들에게 물질로
많은 도움을 주어도 열매를 맺지 못했다.
씨가 나다가 죽어 버린 것과 같다.

애들 이름으로 씨를 뿌리면
엄청나게 번성하는 꽃 잔디처럼 뻗어 나갈 것이다.

돈이 날아다닌다.
돈이 우리나라 안에서 떠다니니 괜찮다.
돈은 돌고 돌지만 사람이 변화돼야 한다.
돈도 순환이 돼야 한다.

돈은 젊었을 때 쓰는 것이다.
나이 들면 쓸 일이 줄어든다.
돈 모아야 늙어서 기죽지 않는다.
손주에게는 돈을 줘야 한다.

자식도 공평하게 다 나눠 줘야 한다.
받기도 하고 주기도 하며 살아야
자손이 폭이 넓어진다.
그렇지 않으면 발전이 없고 활달하게 살 수 없다.

사람은 각자 하나님이 주신
재능이 있는데

남에게 그것을 나눠 줄 때
물질 나눈 것과는
비교할 수 없는 기쁨이 온다.
남이 잘 사는 것을 축복하면
자기도 잘 살게 만들어 주신다.

물질 축복

남의 것을 알뜰히 아껴 주는 마음은
정말 복 받을 마음이다.

주어진 데서 곧이곧대로 살아야 축복이 온다.
돈 관리를 잘 해야 축복 받고
또 받은 축복을 잘 유지하게 된다.

아끼는 마음은 낮은 마음이다.
알뜰해야 부자가 된다.
꾀부리면 부자가 안 된다.
부자 될 생각 말고 마음부터 고쳐라.

부자 되려면 마음이 예쁘고
정직하고 부지런해야 한다.
노력하면 작은 부자, 하늘이 내면 큰 부자
관리 잘 하는 사람에게 맡기신다.

부자가 안 좋은 점도 많다.
돈이 많으면
어딘지 모르게 교만이 나온다.
마음의 부자가 제일 부자다.

경제에 대한 생각

최선을 다해 일을 봐줘야
나라가 손해 나지 않는다.
최선을 다하지 않으면 개인도 못산다.
근무하는 척하며 돈 받아 가는 것은 안 된다.

남의 일 가서도 슬슬하며
열심히 하는 사람을 방해하는 사람도 있는데
복 받지 못할 짓이다.

은행이나 회사에서
직원이 부정한 일을 하면
회사는 좀먹고
개인은 축복 받지 못한다.

가까운 사람, 형제간에 돈 거래하지 마라.
물질에 욕심 부리면 물질에서 손해난다.
돈에 쫓기면 헛소리가 들리기도 한다.

인색한 것과 알뜰한 것은 다르다.
돈을 풀지 않는 것은
우물로 말하면 썩는 것과 같다.
똑똑해도 베풀어봐야 한다.

인색하면 뿌린 대로 거둔다는
법칙에 따라 물질 축복이 없다.
못사는 비결-주지도, 받지도,
나누지도 않으면 복을 받을 수 없다.

있으면 있는 대로 살아야지
그것도 분수에 맞는 생활이다.

사업하는 자손에게 부모가
"세금을 많이 내라.
사람은 돈보다 명예가 중요하다"라고 가르칠 때
자손이 성공했다.

부부가 싸움하면 재산도 없어진다.
씀씀이는 줄이고 마음은 넓혀라.

사치보다 선고금을 내면 좋은 씨가 된다.
돈도 가치 있게, 규모 있게 써라.

속임수 많은 세상에서 속지 않는
생활을 해야 한다.
양심은 속이지 못하므로
줄 것은 빨리 주고 못 주면 못 준다고 말해라.

사람의 본성에 욕심이 있지만
자기 마음을 절제하고 살아야
어려운 일을 겪지 않고 피해 갈 수 있다.
일 안 하면서 살기 어렵다고 한다.

제9장

사탄의 역사

사탄의 역사
교만
뱀
문제 해결

사탄의 역사

영적 세계에서
사탄은 이빨 빠진 종이 호랑이와 같다.
마귀는 불안과 고통을 준다.

잘나가는 사람
쓰러뜨리려는 것이 마귀다.
사탄은 간교하게 역사해서
기쁨을 뺏어 간다.

내 마음에 틈을 주지 말아야 한다.
우리 마음에 보이지 않는
사탄이 들어가 자라서
불평 불만이 시작된다.

상상 속에 빠져 내가 약할 때
사탄이 틈탄다.
내가 약하면 마귀가 달려든다.

착하고 외로우면 마귀가 자리 잡는다.

변화되면
사탄이 틈타지 못한다.

사탄은
사람을 통해
우리 마음의
기쁨을 빼앗아 가는 존재이며

제정신이 아니어서
부끄러움을 모르고
이성을 잃은 사람을 보면
마귀 역사 또는 귀신 역사라고 한다.

하나님 뜻대로 살려고 하면
사탄이 침투한다.
아주 사소한 말 한 마디를 타고
사탄이 침투한다.

자기가 집중하는 것에서
마귀가 교묘하게 파고들어 온다.
내가 제일 잘해준 사람을 통해
실족하게 만든다.

수군수군하면 영적으로 손해난다.
수군수군할 때
사탄이 역사하고
보이지 않는 시기, 질투가 나온다.

마귀는 이간질을 한다.
교회를 짓든가 집안이 좋아지려면
마귀가 부부 사이를 갈라지게 한다.
마귀는 사이를 끊어 놓으려 하고
망신을 주며 이혼을 시키려 한다.

생각이 중요하다.
조금이라도 틈이 있을 때 사탄은 역사한다.
신앙생활 하면서
불평 불만하는 것은 사탄의 역사이다.

싸움 붙이는 것도 사탄의 역사이다.

나를 괴롭히는 사람에게
더 잘 해야 하는 이유는
그 속에 마귀가 역사하기 때문이다.

내가 좀 쉴 때, 그 때가 위험하다.
쉬지 말고 기도해야 한다.
앞길을 가로막는 사탄을
헤쳐 나가야 하는 세상이다.

사탄의 세력이 너무 세다.
좋아지려면 마귀가 방해한다.
위엄, 표현력, 리더십이 좋아지려 하면
마귀가 싫어한다.

마귀에게 끌려 다닐 것 같으면
가만히 앉아 기도해야 한다.
사탄에게 끌릴 때는 조심조심하고
정신을 바짝 차려야 한다.

사탄은 그 사람과
일대일로 싸워야 이길 수 있다.
예수 이름으로 사탄을 물리치지 않으면
미움이 속에서 자란다.

가슴 아프게 하려고
마귀가 들어오므로
마음 아프게 생각 말고
그 속의 마귀와 대적해야 한다.

성령과 악령이 같이 역사하면
정신이 안 좋은 것이다.
사탄이 역사하기 때문에 정신 환자들은
주기도문, 사도신경을 또렷하게 발음하지 못한다.

생선 가게에서 한 마리 상한 것이 있으면
파리가 몰려온다.
영 분별하지 않으면 미혹의 영에 끌려 다닌다.
미혹의 영을 항상 경계해야 한다.

사탄의 세력에 잡히면 말이 많아진다.
사탄의 세력은 어디서 나타날지 모른다.
사탄은 식구들을 통해 기쁨을 뺏어 간다.

영이 흐려지면 다른 사람을 오염시킨다.
영이 오염되면 판단이 잘 안 서고
잘하던 일도 못하게 된다.

영이 어두우면 앞길이 막힌다.
마음이 어두우면
분별이 안 나온다.
어둠이 가득하면 빛을 볼 수 없다.

깨닫지 못하면
어둡게 갇혀 지낸다.
영적으로 죄가 꽉 차면
귀가 안 들린다.

살이 살 먹고 쇠가 쇠 먹는다.
으쓱하는 것은 마귀가 주는 잡초이다.

사탄이 침투하면 질서가 없다.
한 번 마귀에게 묶인 것이
두 번 묶이기도 한다.
나는 죽일 죄인이라고
스스로 묶지 말아야 한다.

집안이 어둡고 가정이 약하면
마귀가 침투한다.
집안이 지저분하면 사탄이 역사한다.

작은 것에 있어서 마귀에게 속지 말자
변화되면 사탄이 틈타지 못한다.
하나님 말씀을 사탄이 무서워한다.

교만

성경, 기도, 봉사가 많으면
'나는 다 됐다' 하고
'나같이 잘하는 사람 있을까?'

속으로 교만할 때,
봉사도 내가 하는 것 아니고
하나님이 감동을 주셔서 하는 것이므로
침착해야 한다.

'이만하면 됐어' 하고
교만이 들어가면
더 축복 받을 것을 막는다.

뱀

꽃뱀도 우는 사자다.
믿는 자를 삼키려고 두루 다닌다.
세상에는 몸을 감으려는 사탄이 있다.
분별이 중요하다.

뱀은 구멍을 찾는다.
얼굴로 말하면 일곱 구멍에 들어가려 한다.
그 구멍을 하나하나 막으면
갈 때가 없어 물러간다.

가정에서도
가족 모두가 무장 되어야 사탄이 물러간다.
착하면서 불만을 가지면
사탄이 나가지 않는다.

자기 몸을 묶는 경우도 많다.
어떤 생각을 하느냐가 중요하다.

나쁜 생각에서 자기 몸을 묶는다.

사람을 미워하고 싫어하면
기도가 안 된다.
마무리를 할 수 없다.

문제 해결

악한 영이 물러가면
문제가 해결된다.
예수 이름으로 물리칠 때
고집이 없어야 빨리 물리친다.

사탄의 세력을
어떻게 이기는가?
마귀가 어떻게 신앙을
빼앗아 가려고 하는가?

도둑 맞기 전에 탁! 차버려야 한다.
나쁜 일은 탁구공 치듯이
탁! 쳐버려야 한다.

사탄의 세력을 단호히 끊어야 한다.
마귀는 설 건드리면 안 된다.
한 번에 끝내야 한다.

왜냐하면 마귀는
사랑을 뺏어가기 때문이다.
마음의 불안은
사탄을 물리칠 때 사라진다.

기뻐야 한다.
"예수 이름으로 물러가라!" 할 때는
아주 냉정하게 해야 한다.

'쥐' 라면 생명이 있으니
물까봐 두렵지만
영적인 것은 생명이 없으니 무섭지 않다.
말로만 하면 되니까

대신 아주 냉정하게
예수 이름으로 물리쳐야 한다.
끈질기게 기도해야 물리친다.
시험에 들지 않게 기도해야 한다.

"저 십자가 빨간 불이
마귀를 내쫓는 빛이다.
이것이 들어가는 데는
마귀가 쫓겨 간다."

십자가는
빛이
어두움을 물리치는 역할을 한다.

┌─────┐
│ 판 권 │
│ 소 유 │
└─────┘

신앙과 삶의 아포리즘
인생을 어떻게 살아야 하는가

2013년 4월 10일 인쇄
2013년 4월 15일 발행

지은이 | 여명근
발행인 | 이형규
발행처 | 쿰란출판사

주소 | 서울 종로구 이화동 184-3
TEL | 02-745-1007, 745-1301~2, 747-1212, 743-1300
영업부 | 02-747-1004, FAX / 02-745-8490
본사평생전화번호 | 0502-756-1004
홈페이지 | http://www.qumran.co.kr
E-mail | qrbooks@gmail.com
         qrbooks@daum.net
한글인터넷주소 | 쿰란, 쿰란출판사

등록 | 제1-670호(1988.2.27)

책임교열 | 최찬미 · 오완

값 12,000원

ISBN 978-89-6562-450-9 93230

* 이 출판물은 저작권법에 의해 보호를 받는 저작물이므로 무단 복제할 수 없습니다.
  잘못된 책은 교환해 드립니다.